沈黙を破る

沈黙を破る

元イスラエル軍将兵が語る〝占領〟

土井敏邦

岩波書店

Breaking The Silence
Israeli soldiers talk about the occupied territories

http://www.breakingthesilence.org.il/index_e.asp

目　次

目次

装丁＝虎尾　隆
【カバー・表紙写真】
「抗議デモ参加者に暴行を加えるイスラエル兵」
「狙撃銃のテレスコープが捕らえたパレスチナ人青年」（「沈黙を破る」提供）
「拘束されたパレスチナ人住民」（「沈黙を破る」提供）
※特にことわりのない写真は著者撮影

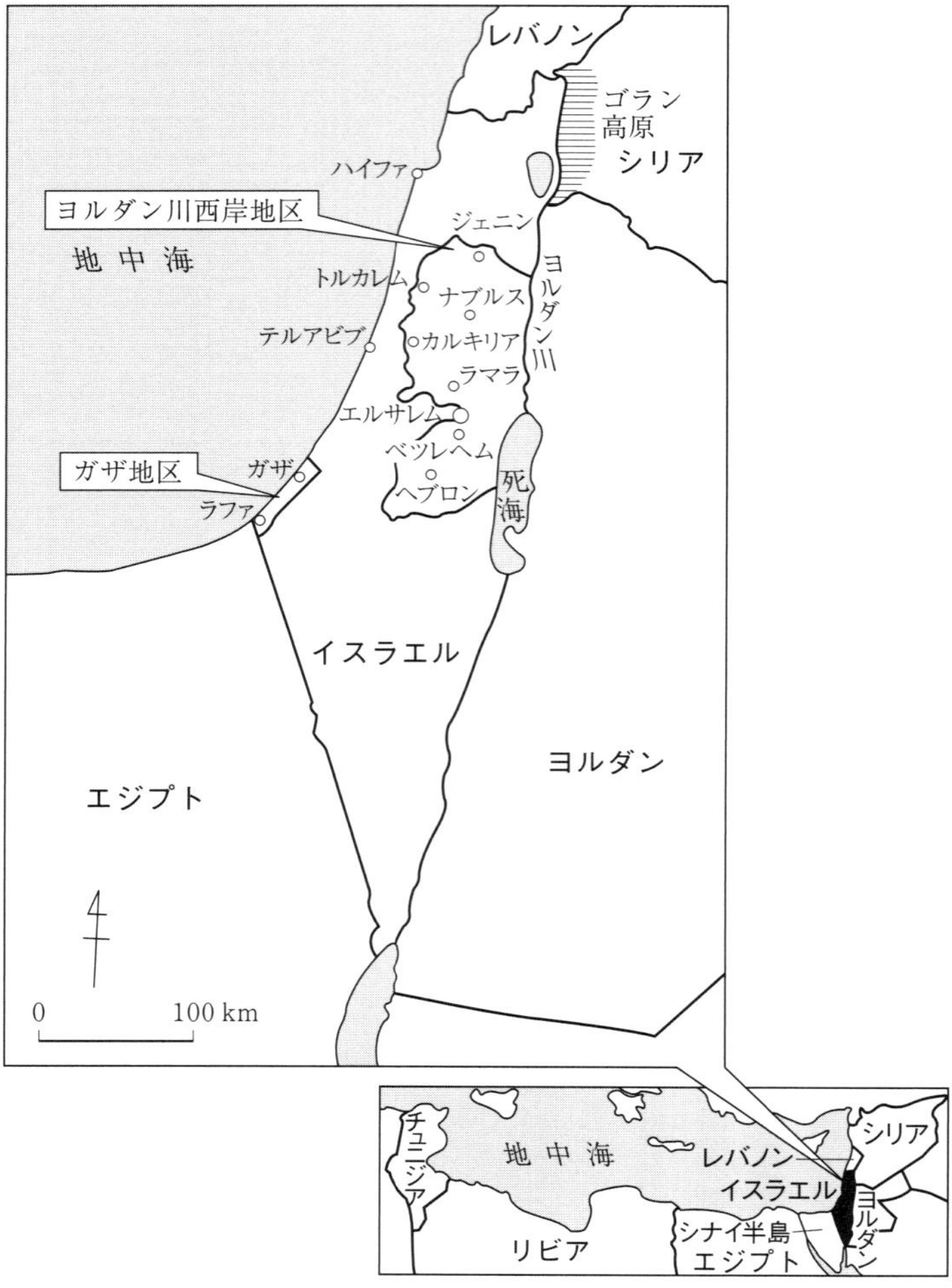

レバノン
ゴラン
高原
シリア
ハイファ
ヨルダン川西岸地区
ジェニン
地中海
トルカレム
ナブルス
ヨルダン川
テルアビブ
カルキリア
ラマラ
エルサレム
ベツレヘム
ガザ地区
ガザ
ヘブロン
死海
ラファ
イスラエル
ヨルダン
エジプト
0
100 km
チュニジア
地中海
シリア
レバノン
イスラエル
ヨルダン
シナイ半島
エジプト
リビア

序章　「沈黙を破る」とは——なぜイスラエル軍将兵の証言を日本に伝えるのか

イスラエルの街角で見かける、世界のどこにでもいるような、まだあどけなささえ残る若者たち。しかし彼らが、いったん将兵となって、占領地でパレスチナ人住民の前に立つとき、冷酷な〝占領軍〟の姿に一変する。武力を笠に着た傍若無人な言動、人としての感情が麻痺し、道徳心・倫理観など理性をも喪失してしまったかのようなイスラエル軍将兵の行動。二〇年を超えるイスラエル占領地の取材の現場で、私はその実態をしばしば目撃し、衝撃を受け続けてきた。

その実例をいくつか挙げてみよう。

逃げる青年の射殺

それは私が一九八五年五月から一年半、イスラエル占領地に滞在し、〝占領〟の実態を取材していた時期に起きた。八五年九月、イスラエルの英字紙『ジェルサレム・ポスト』が、ガザ市内で起きたある事件を一〇行にも満たない小さな記事で報じた。それは一八歳の青年が、セキュリティー（治安・安全保障）・チェックのためのイスラエル兵の制止を無視して逃亡したため撃たれて死亡したという内容だった。兵士の制止を無視すれば撃たれることがわかっていて、この青年はどうして逃亡したのか——私はガザ市内でこの事件を追跡調査した。すると、新聞報道とはまったく違った証言が目撃者や関係者たちから次々と出てきた。

証言によると、市内の大通りにいた四人の兵士たちが威嚇のために空中に発砲した。通行人たちはそれに驚き、いっせいに走って逃げた。その一人がモンゼールという一八歳の青年だった。兵士たちは逃げる通行人に向かって発砲した。脚に銃弾を受けたモンゼールは、脚を引きずりながら逃げた。その後に起ったことを家のバルコニーから目撃していた住民はこう証言した。

「モンゼールを追って二人の兵士が走ってきました。先の一人が構えて撃ちはじめました。約七、八mの距離だったと思います。モンゼールの頭を撃ちました。さらに怒り狂ったように何発も撃ちました。モンゼールが地面に倒れると、撃った兵士はモンゼールの側までやってきました。そして今度は上から撃ち始めたのです。その一発は頭に命中しました。モンゼールは最後に脚を撃たれました」

その直後、遺体はイスラエル内の都市テルアビブにある病院に収容された。その夜、モンゼールの死を伝えにきたイスラエル軍の将校は遺族にこう伝えた。

「兵士がモンゼールに止まるように命じた。しかし彼は止まらず逃げたので兵士が撃った。一発は頭に、もう一発は脚に命中した。明日の朝、出頭してくれ。遺体をどこでどのように渡すか連絡するから」

軍が指定してきた遺体引き渡し場所は、自宅から数百m離れた墓地だった。軍は遺体をいったん実家に戻すことを許さず、墓地でそのまま埋葬するように命じた。時間は真夜中、しかも遺体との面会を許されたのは両親と兄弟、叔父など八人だけだった。

引き渡されたモンゼールの遺体に家族は驚愕した。銃弾は二発どころか、頭部から脚部まで全身に十数発撃ち込まれていたのだ。

「ここへ来てモンゼールを見ろ！」と父親は側にいる将校に向かって叫んだ。「あんたは二発だと言ったが、何発撃ち込まれているかよく見ろ！　頭にも、首にも、腕にも……。いったいこれはどこからだ。この傷はどこから撃った傷なんだ、これは……。爆弾どころか石ひとつ投げたこともなく、棍棒ひとつ持ったこともない息子を、なぜ殺したんだ。まだ一八歳の息子を……」

将校は「気の毒だが、これは事故だ。銃弾は流れ弾だった。二度とこういう事故は起こらないようにするつもりだ」とだけ答えた。

登校する少女に撃ち込まれた十数発の銃弾

しかしこの種の事件は、私が取材を続けてきた二〇年あまりの間に幾度となく繰り返されてきた。そのなかでも象徴的な例が二〇〇四年一〇月にガザ地区で起こった少女殺害事件である。『毎日新聞』の樋口直樹記者の記事によれば、事件は次のようなものだった。

エジプトとの国境の街ラファで早朝、一三歳のイーマーン・アルハムスは学校から四〇〇mほど離れた荒地を通り登校していた。そこは通学路からはずれた、イスラエル軍が定めた「立ち入り禁止地区」だったが、イーマーンは制服姿だった。目撃していた住民によれば、最初の銃弾は近くのイスラエル軍の監視塔付近からだった。足元への銃弾で砂塵が上がるとイーマーンは、手にしていたカバンを捨てて走り始めた。しかし足を撃たれ、よろめきながら数十m逃げたが、ついに小さなくぼ地に倒れ込み、立ち上がれなくなった。兵士五人がイーマーンを追ってきた。そのうち一人がくぼ地に倒れているイーマーンに向かって、数mの至近距離から自動小銃を連射した。後に遺体を検視した医者によれば、頭や胸、手足など一五カ所以上を撃たれていたという。事件後、内部告発によって、倒れたイーマーンを銃撃したのは中隊長で、部下の制止を振り切っての行為だったことが判明した。

イスラエル放送は、軍当局筋の話として、「当時は濃霧のため視界が悪く、同時にパレスチナ人居住区方向から銃撃されたため、テロリストの爆弾攻撃と判断、射殺した」と伝えた。だが、先の目撃者によれば、当時、霧はなく、視界はよかったという。

狙撃兵に頭を撃ち砕かれた姉弟

その少女射殺事件の五カ月前にも、同じラファ地区で少年・少女が惨殺される事件が起こっていた。イスラエル軍がラファへの大侵攻を開始して一週間後の二〇〇四年五月一八日の早朝、イスラエル軍はラファ市の西部タルスルタン地区の住民にマイクで外出禁止令を告げた。エルモガイアル家の三女、高校生のアスマ(一六歳)はこの日、試験が予定されていたが、学校へ行けなくなった。銃声もなくなった午前一一時過ぎ、母親のシリア(四三歳)は、アスマに屋上の洗濯物を取るように、また三男のアハマド(一三歳)には、屋上で飼っている鳩に餌をやるように指示した。二人は屋上へ上がっていった。その直後、屋上で激しい銃声が聞こえた。シリアは「アハマド、アスマ、すぐに降りておいで！」と叫んだが、まったく返事がなかった。

部屋で休んでいた長男のアリ(二六歳)は、アハマドが「アリ!」と叫ぶ声と激しい銃撃音を聞いた。アリはすぐに階段を駆け上がった。母親シリアが後を追った。屋上入り口、階段の最上段でアハマドが倒れていた。床にはアハマドの脳が飛び散り、頭蓋骨は粉々になっていた。アハマドに近づこうとするアリと母親に向かって激しい銃撃が加えられた。やっとアハマドの側まで接近すると、大きな息をし、その二、三秒後に絶命した。アリはさらにアスマの様子を見るために、屋上へ上がった。イスラエル軍の銃撃が激しかったので、アリは這って進んだ。アスマが倒れている場所までは七、八mの距離だったが、一五分以上もかかった。やっとアスマの側にたどり着いたアリは、妹の姿に愕然とした。アハマドと同様、砕けた頭蓋骨と脳が周囲に飛び散っていたのだ。それを集めるために干してある洗濯物の衣服を取ろうと手を伸ばすと、その手を狙って銃弾を浴びせられた。アリは洗濯紐《せんたくひも》を引きちぎり、やっとTシャツを取り外すと、脳と頭蓋骨を集めた。さらにアスマの遺体を階段まで引きずっていった。

「アハマドは鳩にやる水を用意していました」と母親は、息子アハマドが射殺される経緯を語った。「その時、姉が銃撃で撃たれるのを目撃したのでしょう。そのことを急いで私たちに知らせようと階段を降りようとしたとき、狙撃兵が彼の頭部を一発の銃弾で撃ち砕いたのです」

屋上から数十m離れた建物の壁に穴が見えた。イスラエル軍の狙撃兵は、あの穴から二人を狙い撃ちしたのだと母親は言う。

この事件についてイスラエル軍側は当初、「この姉弟は屋上で爆弾を作ろうとしていて誤って爆死した」

と説明した。しかし頭部が銃弾で砕かれている遺体を目撃した医者やジャーナリストたちの「爆死ではありえない」という証言が公になると、その主張を変えた。事件から四カ月ほど経た九月初旬、イスラエル軍スポークスマン、エリック・スナイダー大尉は、私にこう説明した。

「当時、あの地域では激しい銃撃戦が行われていました。だからイスラエル軍の狙撃兵に撃たれたという結論を出す証拠はないのです。そこではパレスチナ人の狙撃兵も撃っていたのです。パレスチナ人の狙撃兵は誰に向かって撃っているのかまったく考慮しませんから。あの連中のなかには腕のいい狙撃兵もいます。二年半前にヨルダン川西岸でパレスチナ人狙撃兵が七人のイスラエル兵を殺害した例もあるほどです」

私はスナイダー大尉に訊いた。「ということは、腕のいいパレスチナ人の狙撃兵が、一発で頭部を撃ち抜けるほどの高性能なテレスコープで、相手が洗濯物を取り入れているパレスチナ人少女であることを識別できたにもかかわらず、撃ち殺したというのですか」

するとスナイダー大尉は動揺した様子であわてて否定した。「そう確信していると言っているのではありません。そうじゃないんです。ただ今の段階での情報では、すぐに結論を出すのは難しいのです。調査が必要です」

だが事件後、イスラエル軍によって調査が行われた形跡はない。

ジェニン侵攻の証言

占領地でのイスラエル軍将兵の暴力性が際立って象徴的に現われたのが、二〇〇四年四月のジェニン侵攻だった。「テロの巣窟の殲滅」という大義名分でイスラエル軍はヨルダン川西岸のジェニン難民キャンプに侵攻し、ほぼ一〇日間にわたって包囲・攻撃を続けた。そのなかでのイスラエル軍将兵の言動のすさまじい実態が、直後に取材した住民の証言から次々と明らかになっていった。

その住民たちの証言を拙著『パレスチナ ジェニンの人々は語る――難民キャンプ イスラエル軍侵攻の爪痕』(岩波ブックレット、二〇〇二年)よりいくつか挙げてみる。

「医療関係者たちは戻れというイスラエル兵の命令を拒み、私たち(負傷者たち)の様子を見るために、近くまでやってきました。この行動はとても勇気のある行動です。彼らは兵士たちに押し戻され、嫌がらせをうけましたが、頑として引き下がらず、私たちの状況を目撃しようとしました。これでイスラエル兵の気持ちが和らぐどころか、逆に彼らはジョマア・アブカリーフェという負傷者に拷問を加えました。私はその時の様子を見ることができなかったのですが、病院へ行ったときに医療関係者の一人から聞きました。イスラエル兵はその男の負傷した足の上に乗って、傷を悪化させようとしたのです。イスラエル国内の弁護士は、そんな行動によって医療の場が拷問の場となったと抗議しました」(証言者/イマード・カーセム・三〇歳)

「この部屋です。四メートル四方ほどの二部屋に六、七〇人の女性と四、五〇人の子供が押し込められていました。侵攻から五、六日後だったと思います。イスラエル兵たちが家の壁に穴を開けて突き進んできました。私たちの家に避難していた住民たちは震え上がりました。さらに怖がらせるために大きな音を出す音爆弾を投げたり、家の壁に発砲したりしました。そして住民たちをここに押し込めたのです。彼らは外に出ることは許されず、乳児たちのためのミルクもなく水もなく、トイレにも自由にいけませんでした。女性たちの中には子供の側で立っている者、子供たちを抱く者や、泣かないようにあやす者もいました。子供の泣き声を聞くと、兵士たちが音爆弾を投げるからです。小さな子供たちが外に出ようとしても、音爆弾を投げました。部屋に大きな爆発音が響きわたり、子供たちは泣き叫びました」(証言者／マフムード・アブナアセ・二五歳)

マフムードはさらに兵士たちが宿舎として使っていた三階へと私を誘った。床の一部が変色しているのに気づいた。「これはどうしたんですか」と訊いた。

「汚物です。兵士たちの大便の痕です。ここだけではありません。毛布や蒲団カバー、そしてベッドの上にも排便しました。(中略)

兵士たちは兄の部屋に入ったとき、ほとんどの家具を壊しました。そして兄の子供たちの写真に落書きをしました。娘の写真には口髭を描き、額にはバツ印をつけました。『殺す』という意味です。またあご髭を生やしている父の写真には『ゴラニ第五一部隊より』と書き、また寝室の壁には『歓待してくれてありがとう』『お前たち全員がテロリストだ。皆殺しにしてやる』とヘブライ語で落書き

しました」(証言者／マフムード・アブナアセ・二五歳)

「一度、兵士が住民にスピーカーで『裸で外に出て降伏しろ』と叫びました。そのとき隣人のアル・サッバーブが家の外に出ていきました。すると兵士が道で彼を撃ち殺しました。彼は裸でした。その後、戦車がその遺体をひき潰し、道のようにしました。住民がその遺体を回収しようとやってきたとき、残っていたのは小さな肉片だけでした。遺体は粉々になり、もし人々が殺されるところを見ていなかったら、それが誰の遺体かわからなかったでしょう」(証言者／イマード・カーセム・三〇歳)

「ブルドーザーがやってきて、息子(ジャマール・三七歳／重度の身体障害者)のいる家を壊し始めました。通りにいた住民たちが『やめて！　中に女性たち(ジャマールを探しに家の中に入った)がいるのよ、止めて！』と叫んでいるのが聞こえました。兵士たちはそのことを知っていました。私たちに家に入って息子を連れ出す許可を与えた兵士たちだったのですから」

訴えにもかかわらずブルドーザーは破壊し続けた。家がぐらぐらと揺れ、崩れ落ちる直前に女性たちは家の外へ飛び出した。そして動けないジャマールは崩れ落ちる瓦礫の下敷きになった。ブルドーザーを運転する兵士が女性たちを「あばずれ女ども！」と罵った。

(中略)

「私たちは息子を捜し回りました。しかし、どうしても見つかりません。瓦礫にずたずたに切り裂かれ、肉片になってしまったからです。遺体はみつからなかったのです。近所の人たちが私に息子は死んだと告げました」（証言者／マフムード・ファイード・七〇歳）

「私たちは部屋の中にいて、煙が見えました。兵士たちがドアを開けろと叫んでいました。姉のアファフはドアを開けようとしました。そのとき爆弾が爆発しました。家の中にいた私たち全員が泣き叫び、救急車をと叫びました。兵士たちはそれを見て笑っていました。姉を見ると、顔の右半分と肩は左側が破壊されていました。腕にも傷がありました。姉は即死でした」（証言者／アイシャ・三七歳）

ドアまで案内させられた青年アシュマハンも「ヒューマンライツ・ウォッチ」のインタビューに答えた。

「アファフが殺されたとき、兵士たちが笑っていました。彼女の姉妹たちが救急車を求めて泣き叫んでいるのが聞こえました。笑っていたんです、彼らは。そのとき、近くではまったく戦闘は行われていませんでした」（「ヒューマンライツ・ウォッチ」報告書から）

自らの加害を語り始めた元イスラエル軍将兵たち

占領地で、何がイスラエル軍将兵たちをこのような行動に駆り立ててしまうのか。私は、イスラエル軍将兵自身に、彼らが占領地でどのような心情を抱いて兵役に就いているのか、住民に対してどういう感情を抱いているのか、そして何が理性を超えた行動に駆り立てていくのか、直接インタビューし聞きだしてみたいと願っていた。しかしその機会はなかなか訪れなかった。任務中にジャーナリストの取材に応じることを軍規により厳しく制限されている将兵たちは、私たちの問いに容易に口を開かなかったからである。しかし、その機会は偶然やってきた。占領地で兵役に就いていた青年たちが自ら、体験を語り始めたのである。

それは「**沈黙を破る**」(Breaking The Silence)という元イスラエル軍将兵の青年たちのグループだった。二〇〇四年六月、このグループが、ヨルダン川西岸の街ヘブロンでの兵役の体験を自ら撮影した写真展をイスラエル最大の都市テルアビブで開催した。「沈黙を破る——戦闘兵士(コンバット・ソルジャー)がヘブロンを語る」と題されたこの写真展は国内で大きな反響を呼んだ。以後、このグループの名と活動は広く知れ渡るようになった。

しかしこのグループは、当初、イスラエル国内のメディアの取材には応じたが、海外のメディアの取材を拒否していた。私がイスラエル人の友人を通して、二〇〇四年夏に彼らと最初に接触したときも、その主要メンバーの一人は、丁重に私の取材申し込みを断った。イスラエルの恥部を海外のメディアにさらすのは「外で汚い洗濯物を洗う」ことであり、まずイスラエル国内の自浄努力で改めていくべきだという考えからだった。しかしその一年後、彼らは方針を変えた。代表の**ユダ・シャウール**は、その理由を私にこう語った。

「最初のうちは、海外に向かって発表していくことを拒んでいました。イスラエルのことなのだから、イスラエル国内に絞るべきだと思ってやっていたのです。しかし、『これはイスラエルに限った問題ではなく、人間としての問題だ』ということに気づいたのです。そして私たちの今までのやり方を修正するのに一年近くかかりましたよ。これもこのグループの成長の一過程だったのでしょうが」

「沈黙を破る」とはどういうグループか。彼らはその紹介パンフレットに、自らをこう説明している（引用文内の〔 〕は土井による説明）。

「沈黙を破る」は、過去四年ほどの間にイスラエル軍に徴兵された元戦闘兵士たちが作り上げたNGOです。占領地での兵役という体験、つまりパレスチナ人住民と対立し、日常レベルでその住民の生活に影響を及ぼすという体験が、個人として、また社会としても私たちを道徳的に崩壊させています。兵役を解除された後、イスラエル社会は自分たちの裏庭で起こっている現実、さまざまな名目で行われていることをまったく知らないということを私たちは思い知りました。この認識に立って、私たちは「沈黙を破る」を立ち上げる決意をしたのです。

日常的なテロとの闘い、またパレスチナの一般住民との毎日の相互作用が私たちを破壊させていることに気づきました。私たちの正義がゆがめられ、モラルや感情を破壊しているのです。

これは私たちが体験した現実のほんの一部です。パレスチナの無実の民間人が傷つけられ、子どもたちはイスラエル軍による外出禁止令のために学校へ行くことを禁じられています。また親たちは、仕事がなく、または職場に出ることができないために家族に食べ物を与えることもできない。人びとの家と、無実の住民の生活が侵され破壊されています。この現実は私たちと共にあり、消えることはありません。このあらゆる悲劇を体験し、私たちは決意しました。兵役を終えても、そこから逃れることができなかったのです。

私たちは、自分たちがやったこと、目撃してきたことを忘れるべきではありません。私たちは沈黙を破らなければならないのです！

私たちの第一歩は、写真展でした。「沈黙を破る――戦闘兵士がヘブロンを語る」展は、国内で決して見せられることのなかったことを示していくという私たちの意思が大きくなり、実現したものです。私たちはヘブロンで兵役に就く兵士たちの行動を、兵士たち自身が撮影した写真の展示や、六〇人の兵士たちの証言ビデオなどで、初めて世界に向けて窓を開け、提示しました。その反応は圧倒的なものでした。何千人という人たちが写真展に足を運んだのです。一般市民、国会議員、メディア、そして一番重要なことですが、初めて占領地での体験を語り始めた兵士やその家族たちが会場にやってきました。

最初の写真展以来、私たちは占領地で兵役に就いていた何百人という元戦闘兵士たちからの証言を集め続けました。イスラエルが誇る最良の息子や娘たちが世界に向けて、自分やその友人たち、さらに司令官たちが体験した道徳の崩壊について語るという現象は、「〔占領地での〕虐待、略奪、財産の破壊、無実の一般住民の殺戮などは例外的な出来事なのだ」という、これまでの考えを打ち破りました。

これまで私たちは、この元将兵たちの証言をメディアや講演などの直接の訴えや、公の催し、そして自分たちのウェブサイトを通してイスラエル国民に伝えようと試みました。私たちは、この証言や占領地で起こっている全体的な現実について、イスラエル国内や世界で覚醒を促そうとしているのです。そしてこの目覚めが起点となって、証言の意味や占領そのものについて真の議論を引き起こす刺激になればと私たちは願っています。

占領地で兵役に就くことであらゆる将兵たちが〝道徳〟を失うという代価を支払っているという現実に、イスラエル国民は気づいてほしいのです。イスラエル国民の名において、しかも若い〝伝達者〟である将兵たちによって〔占領地で〕行われている行為に国民が向き合い直視し、その責任をとってほしいのです。自分たちの道徳の境界とは何か、そして自分たちの軍をどこまで正当化するつもりなのかを、国民は自らに問わなければなりません。

一方、イスラエル国内のメディアでも、この「**沈黙を破る**」のグループの存在と活動を好意的に伝える報道があった。

この二、三日、辛辣な議論が起こっている。占領の愚かさを公にした、強い愛国心を持つイスラエル人のグループ、「沈黙を破る」のメンバーたちによる暴露についてである。彼らは占領地にいた。そこで実際にそのような行為を行った。そして沈黙し続けるつもりはない。彼らは、イスラエルを破壊しようとする、自己嫌悪する急進的な左派の命令を受けたメンバーではない。彼らは自分たちの祖国を破壊の危機にさらす欠陥を修復したいと願っている愛国者たちなのだ(『マアリブ』二〇〇四年一二月三日　ドロール・ヤミニ記者)。

最初のインティファーダと違って、現在起こっているインティファーダで、自分が犯した、また目撃した道徳上の不正義を報告した兵士はほとんどいない。自爆攻撃が続いた時期、兵士たちがすべてのパレスチナ人は潜在的な時限爆弾だとみなす現状が、たとえ時々、道徳すれすれの行為を行っても、兵士たちが占領地で行う行動を正当化しやすくしている。しかしパレスチナ人の攻撃回数が減少したことが、兵士たちがその行為について発言することを容易にしたようだ。

「沈黙を破る」、かつてヘブロンで兵役に就いていた元イスラエル軍将兵たちによる写真展は、今なお沈黙し続けている兵士たちの代弁者になった。最近起こっているこの変化を歓迎したい。メディアの使命は、事実を伝えることだ。軍の使命は、それを鈍らすことではない。大衆の役割はその事実を知ることである。これらがより健全な社会の兆候である(『ハアレツ』二〇〇四年一二月一〇日　社説)。

普遍的な〝侵略軍〟将兵の行動と心理

他国または他民族の領土に侵略し占領した軍隊が住民に対し残虐な行動をとるのは、占領地のイスラエル軍将兵に限ったことではない。過去にも、そして現在でも、世界各地の戦場や占領地で起こっている共通の現象である。

例えば、イラクに侵攻し占領する米軍将兵。二〇〇六年夏に放映されたＮＨＫスペシャル「同時三点ドキュメント・イラクそれぞれの闘い」のなかに登場する米軍脱走兵、ジョシュア・キーはイラクで目撃した光景を次のように証言している。

「ある時、仲間が大勢の人の前で突然、女の子を撃ち殺しました。彼は単に銃を撃ちたくてうずうずしていただけでした。ある時は別の兵士たちが、切り落とされ地面に落ちていたイラク人の頭をサッカーボールのように蹴って遊びはじめました」

二〇〇五年一一月には、イラク西部の町、ハディーサで民間人二四人が虐殺される事件が起こっている。ベトナム戦争時代に米軍によってソンミ村のベトナム人およそ五〇〇人が虐殺されたソンミ事件を彷彿させる惨事として、アメリカ国内に深刻な衝撃を投げかけた。

『ロサンジェルス・タイムズ』のバグダッド特派員の報道によれば、早朝、ハディーサ町をパトロールしていた米軍装甲車が道路に仕掛けられた爆弾で攻撃を受け、二〇歳の伍長が死亡した。その直後、同行していた他の車輛の米兵たちは怒りに駆られ、人通りのない道路上で銃を乱射し、ドアを破って民家に押し入ると、イラク市民を撃ち倒した。そのなかには子どもや女性、車椅子に乗った老人まで含まれていたという。現地を取材したイラク人記者は『ロサンジェルス・タイムズ』紙に次のような証言を伝えている。

「道路脇での爆破事件が起きた後、米兵たちが最初にやって来たのはアブダル・ハミード・ハッサン・アリの自宅である。彼は八九歳の引退した老人で、左脚を切断して以降、車椅子を使用していた。兵士たちはその彼を射殺し、さらに彼の三人の息子とその家族に銃口を向けた。ワリード・アブダル・ハミードは四八歳で、地元アンバル地区の宗教事務所の職員だが、最初に射殺されたこの家族の一員である。彼の九歳になる娘エマンは、米兵たちがなだれ込んで来たとき、まだパジャマ姿のままだった、と述べている。七歳の弟アブダル・ラーマンもエマンとともに、かろうじて生き残ったが、父が目の前で殺害されるとき、毛布で顔をおおっていた、と述べている。その数分後、この子は、母親が射殺されるのを目撃することになる。『お母さんは叫んでいた。そして床に倒れて血が流れていた』

事件から数カ月後にインタビューした際、この子は泣き崩れた。エマンは、生き残った二人が、家族の遺体と流血のそばで助けを待っていたときのことを話してくれた。

『とても怖かったわ。ベッドの下に隠れていたの』

銃弾の破片で脚を負傷したまま、彼女は救出されるまで二時間も床に横たわっていた。その周囲には、七人の家族の遺体が放置されたままだった。ハッサン・アリとその妻、その三人の息子たちとその妻のうちの一人、そして五歳の孫の七人である。家族のなかで生き残った大人は、息子たちの一人の妻であるヒバ・アブドゥラただ一人だった」

そして日本。中国や他のアジア諸国に侵略し占領した旧日本軍もまた、数知れぬ虐殺、暴行を行ってきた。旧日本軍将兵への綿密な聞き取り調査を通して〝加害者〟の内面を追究した精神科医、野田正彰氏の著書『戦争と罪責』（岩波書店、一九九八年）のなかに次のような証言の一例が紹介されている。

八路軍（共産党軍）と闘うために編成された五十九師団に所属し、一九四二年から三年間、中国の山東省全域で暴れまわった機関銃中隊の中隊長（中尉）、小島隆男氏の証言である。

「私がまだ将校になって間もなく、国民党の軍隊と作戦をやったことがあるんです。日本軍が行動を起こすと、国民党の軍隊は二時間もしたら軍服を脱いで便衣に着替える。便衣というのは普通の服ですね。だから軍人だか農民だかわからなくなる。それで、作戦地に入ったら男はすべて殺せという命令が出ているんです。

そのために、夜が明けて、展開しながら前進し、通過する部落で、畑へ出て行こうとする百姓を見つけると、兵隊は飛んでいって刺し殺すわけです。遠くの方で畑仕事をしている者を見つけると、狙い撃ちするのです。

ところが、その日は百姓を殺している内に、敵の兵力が優秀で包囲されてしまった。その後、飛行機と大砲の援護でもって、夕方やっと引き揚げることができた。後方の部落に結集すると、中隊長は戦死、他に十数人戦死しているんです。怪我人もいる。もうやけのやんぱちで、これはもう部落民全部殺しちゃえということになって、男も女も全部殺したんです。

私は黄河の堤防の上に一軒家を見つけ、兵隊を連れてなかを調べに行ったんです。そうしたら、家のなかに年寄りと若夫婦と小さい子供が二人、一家五人がいたんです。

兵隊は『隊長、どうしますか』、僕は『殺せ』と言ったんです。そこで兵隊は五人を並べ、一発の弾で撃ち殺したわけです。五人をくっつけて並べ、一発でドカンです」

「翌日、出発に先立って、その家へ兵隊を連れて見に行ったんです。爺さんは絶命、若夫婦も絶命、上の子供も死んでいました。ところが、下の子供が土間で仰向けになり、大きな眼を開いて私を睨んでいる。まだ生きているんです」(一三六、一三七頁)

中国人やロシア人を人体実験した七三一部隊、約三〇〇〇人とも言われる村人が虐殺された平頂山事件、中国人住民、敗残兵、捕虜など十数万人を虐殺したとされる南京事件……。私たち日本人も消しがたい〝負の歴史〟を背負っている。

「沈黙を破る」の創設者で代表の元イスラエル軍将校、**ユダ・シャウール**は、「自分たちが抱える問題はイスラエル軍将兵に限らない、世界のあらゆる侵略軍、占領軍が抱える普遍的な問題なのです」と言う。

「これは人間としての問題です。ヘブライ語に『他人の過ちから学べ。すべての過ちを犯す時間はないのだから』という諺があります。アメリカでの講演ツアーのとき、何十回と、ベトナム、イラクなどで兵役に就いた人たちが立ち上がって語り出しました。彼らは私が語る言葉と同じ〝言語〟を語り、同じ感情を語った。違った状況だったろうが、同じ〝言語〟なのです。私たちの言葉は〝人間〟の言葉だと思います。同じ世代の声です。〝占領〟に加担し、今、それがどういう意味を持つのかを説明しようとしているのです」

今なぜ、元イスラエル軍将兵たちの〝加害の告白〟を日本に伝えるのか。一つは、これらの証言が、イスラエル・パレスチナ問題を多角的かつ立体的に捉えるために、重要な資料となるからである。これまで〝占領〟の実態は、主に占領される側からの証言、観察、視点を中心に伝えられてきた。そのため一方的、平面的な印象を免れなかった。しかしもう一方の当事者、つまり〝占領者〟たちの証言が加わることによって、立体的、重層的にその実態を捉えることができ、同時にこの問題が単に占領されるパレスチナ人の問題としてだけではなく、占領し支配するイスラエル人自身と、その社会にも深刻な問題を生み出している事実も浮き彫りになってくる。

そしてもう一つは私たち日本人自身を見つめなおすためである。元イスラエル軍将兵の証言によって〝侵略する側〟の実像を見つめることは、かつて侵略者で占領者であった日本の過去と現在の〝自画像〟を映し出す〝鏡〟となりうると考えるからだ。**ユダ・シャウール**が語るように、元イスラエル軍の将兵の言動を〝同じ人間〟のテーマとして、自分に引き寄せ見つめなおすことで、私たち日本人が行ってきた〝加害〟の過去と、それを清算せぬまま引きずっている現在の日本人の自画像を見つめなおす貴重な素材となるはずだ。ここで語られるイスラエル軍将兵たちの行動と言葉を、旧日本軍将兵の言動と重ねあわせるとき、それは〝遠い国で起こっている無関係な問題〟ではないからである。

＊＊＊

本書は以下の三章から構成されている。

▼Ⅰ　占領地の日常――「沈黙を破る」証言集より

「沈黙を破る」のメンバーたちは、イスラエル各地の元イスラエル軍将兵たちを訪ね歩いてインタビューし、占領地での体験の証言を映像と活字で記録に残す活動を続けている。その証言は、これまですでに三冊の小冊子として出版されている("Testimonial booklet")。本章はそのなかから九人の証言を選び抄訳したものである。占領地で自ら目撃し体験した将兵自身によって語られる証言はこれまでほとんど公表されることがなかった。加害者が自ら告白するその内容は〝占領者〟の心理と行動パターンを象徴的に提示している。

▼Ⅱ　なぜ「沈黙を破る」のか――メンバーの元将兵と家族らへのインタビュー

「沈黙を破る」の主要メンバーたちが、私のインタビューに答えて、彼ら自身の占領地での体験、それが個々人にもたらす自己崩壊やイスラエル社会全体に及ぼす影響を語る。また「沈黙を破る」の活動に対する家族の反応を通して、イスラエル社会が「沈黙を破る」の〝加害の告白〟をどう受け止めているのかを探る。さらに、この青年たちの活動を支援する人物が、イスラエル社会における「沈黙を破る」の活動の意味、「敵を利する行為」という「沈黙を破る」への批判に対する反論を展開する。

▼Ⅲ　旧日本軍将兵とイスラエル軍将兵――精神科医・野田正彰氏の分析から

中国大陸で残虐行為を行った旧日本軍将兵へのインタビューを通して〝加害〟に対する意識と心理のプ

ロセスを研究した精神科医・野田正彰氏が、イスラエル軍将兵の〝加害〟への意識の相違と類似点を分析する。また自国将兵の〝加害〟への社会の受け止め方がどう類似し、また違うのかを明らかにしていくことで、〝加害〟の歴史事実に向かい合えない日本社会の実態を浮き彫りにしていく(Ⅲで引用されている元将兵の証言のなかには最終的に本書で採用しなかったものを含む)。

I　占領地の日常
――「沈黙を破る」証言集より

パトロールするイスラエル兵(「沈黙を破る」提供)

「**沈黙を破る**」(Breaking The Silence) のメンバーは、二〇〇四年六月の写真展以来、占領地で戦闘兵士(コンバット・ソルジャー)として兵役に就いた三〇〇人近い元イスラエル軍将兵たちから証言を集めた(二〇〇五年九月現在)。その証言(英語版)はインターネットのウェブサイトで公表され、その抜粋は三冊の小冊子として出版された。

本章はそのなかから九編を抜粋し翻訳したものである。なお現場の状況を理解しやすくするために、いくつか解説を加えた。

●解説　二〇〇四年五月／ラファ国境地帯での「レインボー(虹)作戦」
エジプトとガザ地区との国境沿いには、かつてラファ難民キャンプの家々が密集していた。しかし二〇〇〇年秋に第二次インティファーダが始まると、イスラエル軍とパレスチナの武装グループとの衝突が激化した。イスラエル軍は「国境沿いの家屋からエジプト側にトンネルを掘り、武器などを密輸している」という名目で、国境沿いに立ち並ぶパレスチナ人住民の家屋の破壊を繰り返した。

二〇〇四年五月一二日、家屋を爆破するために大量の爆発物を運搬していたイスラエル軍のＡＰＣ(装甲人員輸送車)が国境沿いの道路でパレスチナ人武装グループのロケット弾攻撃をうけた。ＡＰＣは大爆発を起こし、乗っていた六人の兵士全員が死亡した(イスラエル側には一一人という情報もある)。イスラエル軍は直ちに周囲の難民キャンプに侵攻し、一五日までの四日間に一〇〇軒の民家を破壊し、二人の子どもを含む一四人を殺害した。この家屋破壊で二二一家族、一三〇八人がホームレスとなった(ガザ市の人権擁護団体「パレスチナ人権センター」の調査より)。

イスラエル軍が「レインボー作戦」と名づけたこの侵攻はそれだけには終わらなかった。五月一八日、イスラエル軍は武装ヘリコプターや戦車、ブルドーザーで再びラファに侵攻した。この時、難民たちが再移住した新住宅区のタルスルタン地区(ラファ市の西部)が完全に封鎖され、また東部、国境沿いの難民キャンプ、ブラジル地区でも大量の家屋が破壊された。封鎖されたタルスルタン地区の住民救援のためのデモが武装ヘリコプターと戦車で攻撃され、多数の犠牲者を出したのも、この時である。

二四日まで一週間続いたこの第二次侵攻によって、破壊された家や犠牲者はさらに増え、結局、五月一二日から二四日までのおよそ二週間で、死者五八人(一二人が子ども)、負傷者およそ二〇〇人(ほぼ半数が子ども)、全壊と部分破壊を含め、五三一軒の民家が破壊され、五六一家族、三三五二人がホームレスとなった(同じく「パレスチナ人権センター」の調査より)。

気ままな家屋破壊

（証言者）　精鋭部隊の将校
（現場）　ラファ「レインボー作戦」
（日時）　二〇〇四年五月

「レインボー作戦」で最も印象に残っているのは、武力の行使を抑止するものがまったくないという感覚でした。〝無差別な力の行使〟、それより穏やかな表現はありません。

――あなたの部隊だけではなく、他の部隊もそうなのですか

作戦の目的に関して言えば、当事のイスラエル国家全体に共通していたことです。ラファのゼイトゥン地区でＡＰＣに乗っていた一一人の兵士と他に二人の兵士が殺された話は覚えているでしょう？　その結果、「レインボー作戦」が行われることになったのです。公にされていないことですが、ＡＰＣで同僚が殺された部隊出身の兵士たちはとても血に飢えていました。

――つまりパレスチナ人がやったことをやり返せと言われたのですか。それとも、ただそう暗示されただけなのですか

それは命令のなかに、そして実際のやり方のなかにも組み込まれていたことだと私は思います。少なくとも私は疑いなく、そう感じていました。私だけではなく、イスラエル社会全体ではっきりとではなくても、感じられていたことだと思います。

――そこで何が起きたのですか

戦闘作戦のブリーフィング（状況説明）から話を始めましょう。そのブリーフィングには南部旅団の司令官と師団司令官が出席していました。

戦闘作戦第二グループで、旅団司令官は任務を提示し、その理由をこう説明しました。「ゴラニ旅団がタルスルタン地区に侵攻した。その旅団をタルスルタン地区から移動させ、ラファ市に投入したい。ただタルスルタン地区への侵攻の成果を損なわないために、タルスルタン地区とラファ市との間につなぎ目のラインを作る。そこは建物やビニール温室が立ち並んでいる地域だ」

――つまり何をしろということですか

とても漠然としています。ブリーフィングの最初に「ラファ市からタルスルタン地区への逃げ道を押さえる」と説明され、最後には「武装した者をできるだけ多く殺害する」と説明されました。

――旅団司令官自身がそう表現したのですか。できるだけ多くの武装した者たちを殺せ、と？

そうです。司令官はその二つのことを言いました。そういう言葉を使ったのです。〔中略〕

司令官は演壇をたたきました。そして短く、「使命は、できるだけ多くの人間を殺すことだ」と言いました。そして、他からの情報ですが、彼が南部方面司令官の将軍に電話で、「その作戦の名前は？　私の使命は何ですか」と訊いていたというのです。つまり司令官自身、それを知らなかったのです。

〔中略〕

――要するに、あなたたちはタルスルタン地区に入り、ゴラニ旅団はラファに移動した。そしてそこであなたたちの部隊がタルスルタン地区の住居を占拠したのですね

私たちの部隊は二つのチームでできていました。それぞれが各一軒ずつ家を占拠しました。〔中略〕

――「ストロー・ウイドウ」〔イスラエル兵がパレスチナ人の民家の一部、または全体を占拠し、攻撃または監視の拠点にすること〕はどういう手順でやるのですか

第一には、Ｄ９〔軍事用大型ブルドーザー〕とＡＰＣが共に行動します。Ｄ９が到着するまでは作戦予定の地区には入りません。現地に到着したら、目的の家の周囲三六〇度を爆発物がないかどうかをまずチェックし、その後に目的の家に穴を空けるのです。

――建物の周囲に溝を掘るのですか

対戦車用の狭い溝、記憶に間違いなければ、深さ八〇cmほどの溝を掘ります。その後に家に侵入するのですが、ドアからは入りません。仕掛け爆弾があった例がありましたから。

——家の住民にはまったく事前の通告、つまり警告なしでやるんですか

まったく通告はしません。

——まずＤ９で穴を掘るんですね。それから？

家のなかの住民は、Ｄ９のすさまじい音を聞くことになります。それから壁に穴を空けるんです。

——最初にＤ９のシャベルで家の壁に穴を空けるんですね

壁に穴を空ける。それを我われは「ドアをノックする」と呼びます。作戦地図に印が付けられているその「ウイドウ」の家については秘密扱いなのかと上官に質問すると、「それについては心配するな。すべての『ウイドウ』も同じやり方でいい」という答えでした。それで我われはあと五、六軒の家も同じやり方で占拠しました。

——いたるところで？

いたるところでです。通算すると、たくさんの軒数になります。私たちの場合、六、七軒です。

——あなたが担当する地区ではどのように「ウイドウ」選びをするのですか

この点で、私をとても悩ませたのは、誰もが好きなことをやるということです。〔家の選択の〕決断は……

——現場指揮官が行うのですか

小隊長、せいぜい中隊長レベルが行います。その上は、私がどの家を〔選択し〕破壊したのか、しなかったのか、またなぜ私がそれらの家々を破壊したのかは誰も知りませんでした。誰も、どんな質問もしなかったのです。発砲についても同じです。

——その地区の司令官の指令では、あなた〔現場指揮官〕が建物を破壊するＤ９の操縦者に破壊の命令を出すときの基準は何ですか

私が望めば、どんな家でもいいのです。

——例えば、ある家がオレンジ色で、あなたがその色を嫌いだとする。そしたら、その家を破壊するとい

拘束されたパレスチナ人住民(「沈黙を破る」提供)

う具合ですか

まったくその通りです。

――**まったくその通り?**

はい。破壊する建物をどのように決めるのかと私に質問する者は誰もいません。ガザ地区の航空写真を持ってきて、中隊長といっしょに座り、対戦車用のコンクリート・ブロックの上でジープのライトの灯りでその写真を見る。そのようにして事は進行します。中隊長が「この家は嫌いか」と私に訊く。「そうですね」と答えると、彼は「じゃあ、残しては置くな。君のために、破壊するぞ。この温室は? わかった、壊してしまおう」といった具合です。ほんの二分ほどで決まるんです。

――**まるでコンピューター・ゲームですね**

そうです。ほんの二分です。

〔中略〕

――**旅団の司令官はその現場にいたのですか**

いつも司令官はその周辺にいました。

——その司令官は何が起こっているか知っているのですか。これらすべての破壊については？

はい。旅団の司令官は知っていたと思います。上空にはずっと無人偵察機が旋回していました。また旅団司令官を含む司令部から、実行せよ、待つな、無意味な理由で決断を遅らせるなというすさまじい圧力がありました。最も微妙な問題に関する決断がこのようにして我われに届くのだ、ということを私はお話したわけです。

——これはすべて「レインボー作戦」の一部ですか

すべて「雲のなかのレインボー作戦」の一環です。その地区で私たちは民家を破壊したんです。私の場合、たいした数ではないのですが、それでもたくさんの建物を破壊しました。

〔中略〕

——「ストローー・ウイドウ」とされた家のなかでは何をするんですか

任務についてはさまざまな意見があります。つまり任務がはっきりしていないんです。例えば、もし私が武装した者を誰も見なければ、私は任務を果したことになります。武装した者が通らなければ、OKです。武装した者そのために私はそこにいるんですから。しかし、もし私の任務が「武装した者を殺せ」ということなら、それでは任務を果したことにはなりません。なぜなら私は誰も殺していないからです。絶えず、圧力がかかってきます。一日に四回、「なぜ撃たないんだ？　どうしたんだ？」と。

——なぜ撃たないのかって？

「なぜ撃たないのか」とです。私たちが撃たないのは、武器を持った者を見ないからです。これは、任務がクリアされたということです。しかし「ストローー・ウイドウ」は、狙撃兵を配備するための場所なのです。

また進入路を確保することも求められています。さらに建物とりわけ温室を破壊することを求められます。

この間、家族は監視付の部屋に閉じ込められます。私たちはそれ以上のこともします。家族を階下に降ろし、料理をさせるのです。

――建物のなかにどのくらい駐留するのですか

四八時間です。

――建物のなかに四八時間ですか。で、発砲命令というのはどういう内容ですか

武装した者、または疑わしい行動――例えば座って前かがみになっている者は、仕掛け爆弾を設置しようとしている可能性があると思われる者はすべて殺せ、という命令です。

――ちょっと待ってください。「仕掛け爆弾を設置している疑いがある」というのはどういう意味ですか。誰がそう判断するのですか

私の判断では、屋上から我われを監視しているパレスチナ人です。その人物が双眼鏡を持っていればなおよいのですが、双眼鏡を持っていなくても構わない。そのような「怪しい人物」は射殺します。

――誰が「監視している人物」と決めるのですか。それも曖昧な問題の一つなのですか

我われの戦車を観察しているように見える人物、立って我われの戦車を見ている者、窓からでも、屋上のようなところからでもいいのです。そんな者は射殺します。

――それはあなたたちがその地区に入る前に受けた命令ですか

そうです。

――誰がその命令を出すのですか。旅団の司令官ですか

発砲命令を受けたのが戦闘作戦第二段階のなかでのことだったかどうか覚えていません。いずれにしろ、命令はその指揮官の名で出されました。言い換えれば、分隊長の自由裁量の余地が多く残されたものだったのです。

〔中略〕

――実際、あなた自身に何が起きたのですか

私たちは二つの経験をしました。まず私にとってあまり都合のいいことではない話から始めましょう。誰かが屋上から双眼鏡で覗いている人物を確認しました。

――日中ですか、夜間ですか

昼間です。私は司令部にそのことを連絡しました。もちろん発砲の許可が下りました。実際には、許可など要らなかったのですが。私は何度も何度も熟考した上で、部下に発砲を命じました。そしてその男は殺されました。

〔中略〕

――間違いなく双眼鏡だと確認したのですか。昼間に起きたのですよね?

はい。

――その男はあなたの方向を見ていたのですか

いいえ。戦車が止まっていて、その男はそれを見下ろしていたんです。私たちにはそう見えたんです。ガザは狙撃兵たちにとっての〝遊び場〟とみなされていました。例えば私たちがその地区に入る前、ゴラニ旅団の兵士たちが、自分たちは理由もなく一〇人殺した、あそこで殺したんだというふうに言っていました。理由もなく人を殺したことを自由に話していたんです。

〔後略〕

●解説　二〇〇二年四月/ヨルダン川西岸とガザ地区での「防衛の盾」作戦

二〇〇二年三月二七日夜、ユダヤ教の「過ぎ越しの祭り」を祝うパーティー式場で自爆テロが起こった。二〇人を超す犠牲者を出したこの事件をきっかけに、イスラエル軍がヨルダン川西岸全域に侵攻し、一九九三年九月のオスロ合意などによってパレスチナ自治区となっていた都市や地域を再占領した。

イスラエル軍はまずアラファト議長が監禁されるラマラへ侵攻し、その後、ベツレヘムなど南部の町へと侵攻した。ヨルダン川西岸地区北部のジェニンやナブルスへ攻撃の矛先を向け始めたのは、ラマラ侵攻から五日後のことだった。

「誤って」殺される住民たち

（証言者）　軍曹
（現場）　ナブルス
（日時）　二〇〇三年末

――まずあなたが話したいことから始めましょう。あなたの胸のなかに重く鬱積している事柄です。その時、何が起こったのか、あなたはどう感じたのか、そして今どう思っているのか、すべてを話してください

私をいちばん混乱させ悩ませるのは、占領地では人の生命の価値に対する意識が欠落していることです。もちろんイスラエル人の生命の価値ではありません。私の友人が殺されたとき、私は突然気づいたんです。「何てことだ」と。彼は人生の途中で逝ってしまった。彼の人生が止まってしまったのです。彼の夢、彼が存在していたこと、彼が語ったこと、彼の人生で幸せだった瞬間、彼の友人たちなど、一人の人間の人生のあらゆる面、そのすべてが突然、停止してしまったのです。それが人間の死なのだという思いにとらわれました。そしてこう考え始めたのです。「いったい、我われが殺したすべての人びとのことはどうなのだ」。我われの部隊は無実の住民、少なくとも無実だと思われる人びとを殺した。なかにはまったく誤って殺された者もいる。しかし、「誤って」とは、いったい、どういうことなのか。たしかに「申し訳ない。あなたたちの夫や娘、子どもや孫たちを私たちは殺してしまいました」という。それは命令による処刑であり、私から見れば違法なことです。私が最も混乱してしまうのは、占領地とは実際、開拓時代のアメリカの西部なのだということです。そこでは旅団や連隊、中隊の司令官たちは思いつくことは何でもやります。誰もそれをチェックしないし、止めもしないのです。

私たちは何日間もナブルスの旧市街に進駐しました。我われに与えられた発砲命令は、「午前二時から四時までの間に旧市街にいる者は誰でも撃て」というものでした。つまり彼らは死ぬ運命にあるということなのです。実際、「死ぬ運命にある」という言葉が使われました。

――誰がそう言ったのですか

作戦の説明のとき、連隊の指揮官から聞いた言葉です。任務の前には必ずその司令官がブリーフィングをします。時々、司令官は、「午前二時から午前四時まで旧市街をうろついている者は誰でも死ぬ運命にある」と言うのです。また「午前一時から午前三時までの間にうろつく者は死ぬ運命にある」と言うこともあります。

我われの部隊は旧市街に入り、建物を占拠しました。この建物から虫が這うようにして進みます。壁を破壊し、家から家へ進んで行きます。次の壁を壊し、次の家へ前進していくのです。人びとが密集するナブルスの旧市街や近隣のバラータ難民キャンプで、「殺人地帯」である路地を横切ることを避けるためです。そのような路地を横切るときはいつも、生きて出られるチャンスはそれほど高くないのです（旧市街や難民キャンプのなかは、家屋が密集して狭い路地が網の目のように走り、パレスチナ人武装グループのゲリラ戦に適している。侵入してきたイスラエル兵を狭い路地におびき寄せ、狙撃する戦略がしばしばとられる。そのような場所をイスラエル兵は「殺人地帯」と呼ぶ）。

それで我われは、路地を避ける戦術を考え出したのです。つまり建物の壁を通り抜けるのです。家と家との間隔がとても狭いか、二つの家が一つの壁を共有するような場所なので、ダイナマイトの塊を壁にとりつ

住民を拘束するイスラエル兵のまねをして遊ぶパレスチナ人の子どもたち(「沈黙を破る」提供)

け、爆破します。そして空いた穴から侵入するのです。この方法では前進にとても時間がかかります。周囲を見下ろせる戦略拠点の家屋に到着すると、陣地を作り、周囲の路地や屋上を監視します。

――その「戦略拠点の家屋」の住民である家族はどうするんですか

その家族に対する非人間的な扱いや、ありとあらゆる略奪についてはうんざりするほど聞きました。ここでは、いちおう「自分たちの部隊ではそういうことはなかった」ということにしておきましょう。

我われは壁を破り、家のなかに侵入しました。その家の家族全員を集めます。叫ぶこともせず、静かにです。彼らを落ち着かせようとしました。そして一つの部屋に押し込め、鍵をかけ、見張りを置きました。彼らがトイレに行きたいときは我われに懇願し、そしてトイレにも兵士が付き添いました。

我われは家具を移動し、床の上に座りました。そして屋上か上階の窓に機関銃や狙撃兵の場所を確保しました。

――イスラエル軍が家に侵入するとき破壊するのは壁だけだったということですか

そうです。「防衛の盾」作戦では壁だけでした。後で事情は変わりましたが。ただ「防衛の盾」のときは、撤退するときには家のなかを掃除しました。それが私たちの部隊のやり方でした。

（……）

ナブルスの旧市街全体を占拠するのにどのくらいかかったか覚えていません。旧市街での戦闘のときにそれは起こりました。私たちは旧市街に入り、這うようにして前進を続けました。そして「戦略的拠点となる家」を確保し、陣地を作りました。

狙撃兵が屋上に一人のパレスチナ人の男性を見つけました。そこは私たちのところから二軒先の家の屋上で、狙撃兵からは五〇―七〇ｍほどの距離でした。私は夜間用双眼鏡でその男を観察しましたが、武装はしていません。午前二時でした。武装していないその男は屋上をぐるぐる回っていました。私たちがそれを小隊長に報告すると、彼は「そいつを倒せ」と命じました。その小隊長は無線ラジオでその男に〝死〟の運命を決定したのです。武装もしていない男性に対してです。

――その男性が武装していないことをあなたは目撃したのですか

自分の目で、その男が武装していないことを目撃しました。狙撃兵もそう報告しました。「非武装の男が屋上にいます」と。しかし小隊長は、それを「その男は見張りだ」と解釈したのです。つまりその男は直接、我われに危険を及ぼすものではないということです。しかし小隊長は、その男を撃つように命じ、我われはそれを実行したのです。私自身は撃ちませんでしたが、同僚の兵士が撃ち、その男を殺しました。アメリカで死刑が宣告されるときのことを考えてみてください。アメリカでは、すべての死刑宣告に何千という反対の訴えがあり、決断を下す裁判官たちは学問的に訓練され、それぞれのケースを真剣に受け止めます。反対のデモもあります。しかしここでは二六歳の小隊長が、武装もしない男性に死刑を宣告するのです。その男は何者だったのでしょうか。「見張り」とはいったい、どういうことでしょうか。「見張り」だからといって、それがいったい何だというのでしょうか。それが殺す理由になるのか。何より、その男性が「見張り」だと小隊長はどうしてわかったのでしょうか。明らかにわからなかったはずです。小隊長にわかっていたことは、「武装していない男性が屋上にいる」ということだけだったのです。そして彼はその男性を殺すことを命じたのです。私から見れば、不法な命令です。そして我われはその命令を実行しました。一人の人間を殺したのです。その男性は死にました。私の考えでは、それは明らかに殺人です。しかもそれは唯一の例ではなかったのです。

作戦は進行していました。我われは旧市街に入り、「ストロー・ウイドウ」となる民家を探し、そこに陣地を設けました。旧市街の大通りに向けて機関銃を設置しました。発砲命令は、「夜間、旧市街で歩き回っている者は誰でも射殺せよ」というものでした。その命令は作戦説明のとき、分隊長から告げられたものです。彼によれば、それはシャムロン旅団司令官による命令だということでした。

――それは「防衛の盾」作戦のときのことですか

いいえ。ずっと後のことです。たぶん二〇〇三年一二月から翌年の一月にかけてのことだったと思います。要するに、それは命令だったのです。しかしそれは唐突な命令ではありません。同じ命令が何度も出ていました。「歩き回っている者は誰でも……」という発砲命令です。しかしその人物のことをどうやって知ることができるのか。答えはいつも、「シャバック」(秘密諜報機関)からの情報だというのです。シャバックからの情報？　でもシャバックはどうやって、パン焼き屋のアハマドまたは大工のサリームが午前三時かそこらに、仕事のために起きる必要がないなんてわかるのでしょうか――私にはわかりません。その時間に通りを歩いているのは誰なのか、どうしてシャバックにはわかるのでしょうか。

しかしそれが指令なのです。作戦説明でまさにその言葉が使われるのです。「この時間からこの時間までに旧市街で歩き回っている者は誰でも死ぬことになる」と。まさにその通りの言葉なのです。そして我われは「ストロー・ウイドウ」に夜こっそりと入る、つまりある家に入り、家族を一部屋に集め、周辺地域に対する知識もまったくないまま、窓に狙撃の陣地を作る。周辺で暮す住民のことなどまったく知らずにです。そして早朝、おとりを設置します。パレスチナ人の武装グループからの発砲を引き出すために軍用ジープが配備されます。そして武装グループがそれに反応してジープに向かって発砲する。すると、その武装グループの位置を特定し、それを殲滅する。これが計画です。

「ストロー・ウイドウ」からの主な活動は、主に混乱が始まる朝方です。しかしこの時は夜に事件が起こりました。その時の家はとてもいい位置にありました。旧市街全体とまではいかなくとも、適切な場所を見下ろせたのです。我われはその家を「ストロー・ウイドウ」として数度も使っていました。

それは午前四時のことでした。よく覚えていないのですが、旧市街に午前二時に入り、午前四時に狙撃陣地に入り配置につきました。私もその一人でした。その時、袋を抱えた男性を確認しました。今回は私もこの目で見ました。その男性はジャマ・アル・カビール通りを、手に袋をさげて歩いていました。たしか午前三時から四時の間だったと思いますが、よく覚えていません。しかし重要なことはその男性が手に袋を持っていることに目をつけられたことです。このことが分隊長と小隊長に報告されると、「その男を倒せ」という命令が出されました。男は撃たれ、倒れました。殺されたのです。私たちのいる家から七〇mほどのところで男は倒れました。小隊長が乗った指揮官のジープが現場にやってきて、〝死の確認〟が行われました。

実に残忍な〝死の確認〟でした。遺体に二個の手榴弾が投げられ、完全に粉々にしたのです。それから男が持っていた袋を開けました。そのなかに見たのは、パンでした。

——もう一度、〝死の確認〟について訊きたいのですが、軍スポークスマンは、イスラエル軍には〝死の確認〟といったものが存在することを否定していますが

〝死の確認〟とは、ある人物を離れた所から撃って倒し、その人物が倒れたとき、その〝任務〟が完了したことを確認しに行くことです。つまり指揮官のジープがやってきて、遺体に手榴弾を投げ、さらにその遺体を撃ち、そして袋を開けました。そのなかにあったのはパンだったのです。その後、我われの連隊司令官はその作戦を即座に概説しました。ここでもその殺人はまったく調査されませんでした。あたかも何事もなかったかのように、やり過ごされました。

通常のブリーフィングが行われました。作戦の後はいつもブリーフィングがあり、その要約と結論が印刷されます。このような場合、誰も罪を問われませんでした。命がまったく安いのです。男が死に、その後の作戦総括で、連隊司令官が我われをこう励ますのです。「諸君、聞きたまえ。うろたえるな。この男は単にそこらを罪もなく歩き回っていたのではないのだ」と。しかしこの司令官はそのための実質的な情報や証拠などはまったく持たないのです。「そんな時間に旧市街を歩き回る者に〝シオン〔イスラエル〕の親友〟などいるはずがない」と確信するに足る証拠などないのです。その司令官はおそらく、テロリストに関する備忘録を持っていて、そこには「兵士たちはいい仕事をした」と記されることになるのです。その後、この事件についてそれ以上のことは聞くことは決してありませんでした。私は直観的に、この男性は無実だったと思います。もちろん連隊司令官は我われが知らない事実を知っていた可能性は常にありますが、いずれにしろ、私たちはこの事件について、それ以上のことはまったく聞いていません。

形だけの「発砲手順＊」

（証言者）空挺部隊　曹長
（現場）　ナブルス

二〇〇二年か二〇〇三年のラマダン〔断食月〕のときでした。私たちは拘束作戦の任務に就いていました。容疑者などを拘束するときには、通常の発砲命令が出ていました。つまり「止まれ、止まれ、さもなければ撃つぞ！」と警告し、空中に向けてバン、バン、バンと撃つ、というものです。しかし私たちの任務ではこのようなやり方はまったくしませんでした。実際にやったことは、「迅速な容疑者の拘束処置」です。つまり「ワケフ〔ヘブライ語で「止まれ」〕！　バン！」、もし命令してすぐにその人物が止まらなければ、手を挙げろと叫び、その直後、撃ち殺すということです。

――脚を撃ったり、空に向けて撃つことはしないのですか

止まれ！　バン！　です。多くの場合、「止まれ！」はただ記録のためだけです。バン！　止まれ！　とね。そんなものです。要するに拘束作戦を行っていたのです。

それはラマダンのときでした。現場では混乱がおきていました。その作戦の事後調査で初めて知ったことですが、分隊の一隊が予定とは違う場所で配置についていたのです。別の分隊の兵士の一人が、路地でモノを運んでいる一人の男性を見つけました。兵士たちは「ワケフ！」と叫びました。するとその男性は走り始めたのです。兵士たちはその男性を撃ち始め、追跡しました。その男性はある路地に逃げ込みました。そこには間違った分隊が配置についていたのです。つまり呼応する状況が起こったのです。その男性を追跡していた分隊は、男を狙って撃った。それは別の分隊の方向へ向けた銃撃でした。そして追跡していない別の分隊は自分たちが銃撃されていると思ったのです。彼らはその男が走ってくるのを見て、撃ちました。逃げ込んだ先にいた分隊の兵士たちが撃ったのです。

――その時あなたはどこにいたのですか

私は別の場所にいました。

――ではあなたはこの事件のすべてを調査から知ったのですか。後であなたの同僚から聞いたのですね

はい。我われはほんの数m離れたところにいたのです。たしかに自分の目で実際に見たわけではありません――我われは家の角を見ていました。しかし事件は私がそこにいたときに起きたのです。

彼らはその男が自分たちを撃っていると思って、誤ってその男を撃ってしまいました。兵士たちはその男が運んでいた物を見ました。それが爆発物ではないかと恐れたのです。兵士たちはその男を撃ち、殺したことを確認するために手榴弾を投げました。さらにもう一度、男の頭を撃ちました。しかしその男が手に持っていたのは太鼓でした。後で明らかになったことですが、ラマダン時期の慣習として、その日の断食に入る前に朝食をとる住民を起こすために、係りの人びとは午前四時に外に出るのです。私たちはそのことを知りませんでした。もしそのことを知っていたら、または誰かがそのことを教えていてくれたら……。単に我われ末端の兵士たちが知らなかったというだけではありません。旅団のなかにそのことを知っている者が誰もいなかったのです。イスラエル軍の誰一人として、〔ラマダン中の〕その時間には人びとが手に太鼓を持って歩き回るということを兵士たちに通告しなければと思い悩むこともなかったのです。もしわかっていれば、発砲命令はもっと緩やかなものになっていたはずです。たぶん我われはもっと気をつけていたはずです。しかしそれを我われに告げることに誰も思い悩まなかった。そしてそのためにその男は死んだのです。我われの無知のためにです。

＊発砲手順
まずある人物に止まれと呼びかける。もし止まらなければ、撃つぞと警告する。もしそれでも止まらなければ、空へ向けて撃つ。もしそれでも止まらなければ、脚を狙って撃つ。

「トラブル探し」

（証言者）曹長
（現場）ナブルス

「トラブル探し」と名づけられた作戦がありました。それはどういう意味かって？　つまりナブルスの旧市街をパトロールし、誰かが我われを銃撃するように誘い出し、戦闘に入る作戦です。

――「トラブル探し」というのは部下の兵士たちが付けた名前ですね。その命令はどういうものなのですか

ナブルスの旧市街の夜間パトロールです。たいてい、そのパトロールは、戦闘に入ることが目的でした。そして我われの存在を誇示するのです。その日は特別なパトロールで、ある家を捜索するためでした。そこにベルト爆弾が隠されているという疑いがあったのです。それは情報機関からの情報でした。

私たちはパトロールを開始しました。その途中、旧市街のある通りで、我われは銃撃されました。通常、「銃撃が交わされた」というとき、一般の人たちはその意味をわかっていないのですが、それはパレスチナ人がカラシニコフか短銃で一発か二発撃ってきたということを意味するのです。そして通常、その直後、兵士たちが撃ち返します。自由にあらゆる方向に撃ちまくるのです。だから「銃撃を交わす」というのは、ほんとうは撃ち合うということではないのです。相手側からの引き金となる一発の銃撃と、我われ側からのあらゆる方向への乱射ということです。ほとんどの場合、その発砲源が確認されることはありません。発砲源という概念自体が存在しないようなものなのです。発砲源は確認されない。ほとんど確認しないのです。発砲源――それがまさにこの話にふさわしい言葉ですが――とは三六〇度です。つまりあらゆる方向が発砲源なのです。それが「発砲源」の意味することです。どこから撃たれたのかわからない。でもそれは我われを

「アラブ人はガス室へ行け」(「沈黙を破る」提供)

狙ったに違いないのです。なぜなら、イスラエル軍はその旧市街においては唯一の武装組織だからです。そう、間違いなく我われが撃たれたのです。そしてその銃撃に対する我われの反応は……。通常、銃撃するときの手順は、まずできるだけ早く家のなかに入る。つまり路地から脱出する。そして発砲源を探す。発砲命令というのは存在しません。つまり私が言いたいのは、兵士たちは自由に発砲できるということです。なぜなら誰もが「〔発砲源を〕確認した」と言いさえすれば撃てるのです。しかし、ほんとうに確認したのか、想像上のものだったのか、どうやって判断できるでしょうか。私にはわかりません。それでも撃つのです。

　ナブルスの旧市街では路地の頭上に家があります。つまり道路の上で建物が橋渡しにつながっている家があるのです。この事件は、そのような建物で起こりました。その窓際に、誰かがいるのが確認されました。ある兵士が、窓に映った人影を見たのです。我われはそれを狙って撃ち、その兵士の分隊も撃ちました。大混乱になりました。右も左もない。全員が撃ちまくったのです。こんなふうです。誰かが「〔発砲源を〕確認した！」と叫ぶ。すると、バン、バン、バンです。その直後に「発砲の許可を願います！」と。そんな具合なんです。まったく大混乱です。兵士が屋根の水タンクを撃つ。付近に二〇の違う「人影」を確認し、そして撃ちまくる。私はその作戦の責任者でした。「人影を確認しました」と言ってきた者に対して、私はその彼にどう言うべきだったのでしょうか。「撃ち落せ」って？　それは幻想の人影なのです。「何を確認したんだ」と、いったい、どうして私が言えるでしょうか。私はその兵士に、「そいつから目を離すな」と言いました。兵士はおそらくプレッシャーを感じているんです。またはたぶん、私が思うに……。作戦に関わっている者はみんなが「プレッシャーがあったんです。私は怖かったんです」と言います。しかしそれはまったくでたらめだと思います。プレッシャーではなく〝アドレナリン〟です。その行動のなかに〝アドレナリン〟があるんです。緊張はあります。しかし私自身がかつて怖かったとか、他の連中が怖がっていたなんて記憶にありません。我われは実際、この「恐怖心」劇を冷笑的に見ていました。私が話せるのは私自身のことについてだけですが、自分がやった銃撃の大半は、たぶんイスラエル軍の兵士の大半もそうだったと思うのですが、銃撃するのは、「確認」や「プレッシャー」からでもなく、「恐怖心」または「臆病さ」からでもないのです。ただ、ライフルにXマーク〔標的を殺したことを示すためにライフル銃に付けられた印〕を付けたいからです。基地に戻って、「おい俺はXを付けたぜ、これを殺し、あれを殺した」「おい、男になったぜ、人間を殺したんだ」と言いたいのです。だから指がすぐ引き金にかかるのです。

〔後略〕

「街の通りで見かける者は全員射殺せよ」

（証言者）　装甲部隊　曹長

（現場）　デイルバラ市〔ガザ地区中部の街〕

私たちはデイルバラ地区にいました。その街に侵攻することになっていました。

——どうして侵攻することになったのですか

迫撃砲が撃たれた直後でしたから。命令は、「街の通りで見かける者は全員射殺せよ」というものでした。夜の早い時間でした。

——誰が命令を下したのですか。その階級は？

小隊長か予備役歩兵大隊の指揮官かのいずれかです。デイルバラの街に入ったときに、私はその人物に会いました。私たちの指揮官はまだ着任したばかりでした。とても熱狂的な人物で、すぐに「撃て」と言うのです。それで私たちは撃ちました。男が倒れると、その指揮官は機銃で何十という銃弾をその倒れた男に撃ち込み、止めを刺したんです。

——「我われは撃った」というのは、戦車の機銃ですか、それとも砲撃ですか

機銃だけです。

——戦車の機銃による発砲ですね。その後、指揮官が止めを刺したのですね。どのくらいの距離からですか

七〇mほどです。

——その〝死の確認〟が終わると、その指揮官は機銃でさらに他の者も撃ったのですか

彼は他の者も撃ちました。ある男がその銃弾に当たりました。倒れると、指揮官はその男をめがけて、弾倉が空になるまで撃ちまくりました。

——発砲命令の話に戻りましょう

それは発砲命令が絶えず変わる時期でした。一般に我われが大規模な作戦を行うとき、通りには誰もいてはならないのです。だから通りにいる者は誰でも——それが武装していようが、いまいが——我われは撃つんです。

――それが、迫撃砲が撃ち込まれた後に出された命令なのですか

そうです。

――あなたは誰かを殺しましたか

はい、もちろんです。私は毎日、新聞を開き、パレスチナ人が何人殺されたかを確認したものです。そうでなければ殺した数はわかりません。

――その遺体はどう扱われたんですか

肉屋の市場のようなものです。

非武装の少年の殺害

（証言者）　空挺部隊　軍曹
（現場）　ジェニン
（時期）　二〇〇三年二月から三月

私たちは「ストロー・ウイドウ」の陣地につきました。この「ストロー・ウイドウ」は武装した者や我われの軍用車輛によじ登ってくる者を狙うためだと告げられました。ＡＰＣはジェニンの建物の近くを一日二四時間巡廻していました。そして子どもたちがＡＰＣによじ登ってきて、上に取り付けられている機関銃を取り外そうとするのを待ち、その子どもたちを撃つ機会をじっと待っていました。ジェニンの旧市街のなかに固定陣地があったんです。ＡＰＣはちょうど我われのいる陣地の真下の通りに位置し、いつも動いていました。私たちは〔上官から〕はっきりと、誰かがＡＰＣによじ登るのをただ待っているように言われ、その者を撃ち殺すことを命じられていました。自分たちは武装した者を対象にしていないことがすぐにわかりました。たくさんのＡＰＣが動き回っている通りをうろつくような武装したパレスチナ人はいません。彼ら（私たちの上官たち）は、あえてＡＰＣによじ登る子どもたちや普通の人たちを探していたのです。私たちはそのことを将校たちとの話から理解しました。

一日か二日後、一二歳の男の子がＡＰＣの一台によ

拘束されたパレスチナ人の少年(「沈黙を破る」提供)

じ登りました。その少年の年齢にはいろいろな推測がされました。最初は八歳、後に一二歳ということでしたが、私にはわかりません。とにかくその少年はAPCによじ登り始めたのです。そして我われの狙撃兵の一人がその少年を射殺しました。すでに言ったように、私たちは子どもたちを狙っていたのです。隣の中隊もまた、子どもまたは一〇代の青年たちがAPCによじ登り、撃ち殺される事件を経験していました。私たちのなかには、この作戦の目的は子どもを殺すことで、不必要だと言う者もいました。一方で、これはとてもいいことだと言う者もいたのです。

――その少年が武装していないということはわかっていたのですか

間違いなくその少年は武装していませんでした。ただAPCによじ登ったのです。しかし、なぜ二つのXマークを付けたのか、つまりなぜ相手を殺したのか尋ねる者は誰もいませんでした。もしその少年が武装していたら、もちろん合法的な標的です。

軍用犬に食べられた男性

（証言者）　マグラン（精鋭部隊）の曹長二人
（現場）　ベツレヘム
（日時）　二〇〇四年

証言者一　〔前略〕ベツレヘム市のアルアイダ地区でのことです。二〇〇四年の「過ぎ越しの祭り」の時期だったと思います。その年の二月にエルサレムで二度、自爆テロが起こりました。その二度ともが、ベツレヘム出身者によるものでした。それでイスラエル軍は大量の兵力でベツレヘム市に侵攻することになり、その一週間前にダブデヴァンという精鋭部隊による作戦が行われました。その時アルアイダ地区で溝に隠れていた何者かによってイスラエル兵一人が胸を撃たれ、腰から下が麻痺してしまいました。その一週間後に、隣家に住む人物を逮捕するために侵攻したのです。

その隣家で、テロリストの従兄弟を逮捕しました。そのテロリストは兵士を撃って〔その下半身を〕麻痺させ、後にダブデヴァン部隊に殺されました。我われはその従兄弟を追跡していたのです。その逮捕には私は直接関わってはいません。私は車輌のなかにいましたが、部隊はその家の下に立っていました。そして監視所から家の屋根に誰かがいるという連絡が伝えられました。それで小隊長が突然、「OK銃撃」で、他の部隊に行動停止を伝えました。小隊長はその屋上の男を狙って一発撃ち、部隊の兵士たちはドアをノックし続けました。しかし何の返答もありません。

――OK銃撃って何ですか

証言者一　「待て」ということです。我われは待って、待って、待ち続けました。五分後、小隊長は無線機を取り、「自分が何者かを撃ったかもしれません」と言いました。すると大隊長が無線で「どういうことだ。誰か武装した者を見たのか」と訊き返すので、小隊長は「いいえ。ただ屋根で覗き見している者の頭が見えたので、その方向に向けて一発撃ちました。命中したのかどうかわかりません」と答えました。すると大隊長は、「わからないとはどういうことだ？　誰か武装した者を見たのか？」とまた訊き返しました。それで小隊長は監視所に無線電話をしました。そこの兵士たちが屋根に誰かがいるのを見たと報告したからです。「お前はその男が武装していたと言っただろう？」と小隊長が訊くと、見張り番の兵士は「いいえ。武器はまったく見ませんでした」と答えました。「そうか。男に命中したかどうかはわからないな」と小隊長は言いました。一方、家のなかからはまったく返答がありません。私たちの部隊に軍用犬の訓練士がいて、犬を家のなかに入れました。その犬はほぼ二〇分間、家のなかの男のところにいました。

――どういうことですか

証言者一　犬はその男を見つけると、……

証言者二　犬がその男を食べたんです。

証言者一　二〇分間、犬がその男を食べていたんです。

――何？　つまりそれがその犬の役目なんですか？

証言者一　なかで犬がほえているのが二〇分ほど聞こえました。

証言者二　襲撃犬です。人間を食べるんです。

証言者一　二〇分後、部隊は家のなかに入る決断をしました。そしてその人間が……

――犬が戻ってこなかったからですね

証言者一　そうです。そしてその犬を追いかけ、部隊が家のなかに入ると、その犬がその男を屋根から階下まで引きずり降ろしていました。その男は全身を食われていました。全身をです。その男が死んでいることを確かめるために医者が呼ばれました。医者がその男に触れた途端、その男が飛び起きたのです。まだ生きていたのです。その男は一週間病院にいましたが、死にました。

――その男はどこを撃たれていたんですか

証言者一　頭です。

――その銃弾で死んだのではないのですね

証言者一　いいえ。二〇分間、犬に食われても死んでいなかったんです。

――医者はその男の治療をしたのですか

証言者一　ハダッサ・アインカレム病院に運ばれました。そこで一週間入院していましたが、死亡しました。

証言者二　男は人工呼吸の治療を受けていたと思います。

――現場で？

証言者二　そうです。

――その男は武装していなかったんですね

証言者一　一時間後、家のなかで武器を探しました。小隊長は「ここで武器が見つかる」と言いましたが、武器は見つかりませんでした。その男は武装していなかったんです。

証言者二　「ここで武器を見つけなければならない」のです。

証言者一　違う。「なければならない」というのはどういう意味だよ。小隊長はこの場所を捜索したかったんだよ。

証言者二　もし武器が見つかったら、男は武装していたということになります。

証言者一　自分の馬鹿な行為を隠すために遺体の横に武器を置いたというような、明らかな隠蔽行為ではないんです。そんな問題ではないんです。自分の良心のためにそうしたかったんです。撃った直後、小隊長はその男が、自分たちが逮捕しようとしていた男なのかどうかさえわからなかった。結局、あとでそうだったとわかり、小隊長の良心は幾分なだめられたと思いますよ。少なくともこの男は、我われが拘束しようと思ってやってきたその本人だったんです。ただその男がどの程度のテロリストだったのかも実ははっきりしていなかった。男はただテロリストの従兄弟だというだけだったのです。彼がテロリストだったのかどうかわかりません。そうでなかったかもしれない。わからないんです。

——報告会のとき、何が起こったんですか

証言者二　その男が死んだとき、小隊長は「自分がやった。自分が殺した」と言いました。

証言者一　報告会では誤った行動をとったと指摘された者は誰もいませんでした。

——それで終わったのですか

証言者一　はい。何か異常なことが起こった作戦のとき、いつもやるように報告会が行われました。私もその小隊長のことは理解できます。彼は一五人の部下と共に家の前に立っていた。そして誰か自分を見ている者をみつけた。私なら少なくとも空に向けて警告の銃撃をしたでしょう。彼は自分の銃撃に責任をとる勇気を持っていた唯一の兵士でした。とくに彼は小隊長であり、そこは銃撃があった場所だったのです。誰かがその男が武力を行使することを止めさせるために何かをしなければならなかったのです。やり方はたくさんあります。空に向かって撃つこともできる。しかしその男の頭を撃つ必要はありませんでした。小隊長はまた、銃弾が命中したかどうかわからなかったと主張しました。少なくとも彼はまずそう主張しました。無線で報告したことは、ただこれはＯＫ銃撃だったということです。

——ライフルのスコープでその男を捉えることができなかったのかどうか誰も訊かなかったのですか

証言者一　調査されたとはまったく聞きませんでした。大隊長はたぶん小隊長に質問したかもしれない。しかしそのことは私たちには届いていません。無線では、大隊長は怒っているように聞こえました。

——後で、部隊のなかでどんな話が出たんですか

証言者一　私たちの部隊で、ほんとうに悪いことをしたと思った者はいませんでした。

〔中略〕

証言者二　小隊長がそのようなことをすることはすでに予想していましたから。

子どもの殺害と罰金

（証言者）空挺部隊
（現場）ベイト・フリーク〔ナブルス市近郊の村〕
（日時）二〇〇三年末

――どんな兵士でも撃つことができるんですか

はい。自分が所持する武器で撃てます。パトロール隊の指揮官が中隊の副司令官くらいの階級なら、銃撃の許可を出すことができます。もし偶然に誰かの背中を撃ったり、殺してしまったりしたら――そんなことが我われの部隊でも起こりましたが――。前回の作戦のときだけでも、二、三回起こったんですが。

――子どもが殺されたんですか

偶然に子どもが殺されました。兵士は脚を狙ったんですが、結果的には背中を撃ち、殺しました。

――その後に子どもたちが死んだかどうかかどうやってわかるんですか

後で報告を受けるんです。〔パレスチナ側とイスラエル側との〕調整連絡オフィスを通してのパレスチナ側からの報告です。このような事件の場合、双方の間に協力関係があります。それを通して子どもは殺されたことが確認されました。しかし兵士にとっては何でもないことです。将校には、そのような事件に対しては一〇〇シェーケル〔二五〇〇円〕か二〇〇シェーケルの罰金が課せられます。

――子ども一人に一〇〇から二〇〇シェーケルの罰金？

はい。

――投獄されることは？

ありません。

――裁判は？　そのような事件は厳重に調査されるのですか

いいえ。大隊長以上には報告されないことは間違いありません。関わった者が調査されたケースなど知りません。まったくないとは確証はできませんが、調査されたことなど見たことはありません。そしてその後、まったく何も起こらないことは知っています。

見て見ぬふりの上層部

（証言者）　装甲部隊　曹長
（現場）　ガザ地区
（日時）　特定なし

私は主にガザ地区で兵役に就いていました。〔中略〕部隊の作戦の主な目的は、テロリストの家や、迫撃砲などの製造所を破壊することでした。現場へやってきて、目にしたものはすべて廃墟にしてしまうのです。また発砲命令は常時変わります。つまり、時には「通りで見かける者は全員殺せ」という命令があり、我われはそれを実行する。何も考えず、ただ実行するんです。ある一定の時期でのことで、いつもそうだというのではありませんが。

私たちが最初にガザで作戦を展開したときのことです。午前一時にパレスチナ警察の建物のいくつかを破壊するという作戦を実行しなければならないときがありました。その時の発砲命令は、「通りにいる者は全員、射殺せよ。銃を持っていようが、いまいが構わない」というものでした。また他の時は、銃を持っている者は誰でも撃てというものでした。その命令は場所によって変わります。イスラエル側との境界のフェンスのような場所でパレスチナ人が侵入するようなときなどは……、フェンス近くの広範囲の場所にいる人物、たとえそれがフェンスからかなり離れていても、「フェンス付近にいたら、射殺せよ」という命令が出るときもありました。迷うことなくです。私たちはそれを実行します。そんな場合、その人物を脅かし立ち退かせることから始めることはしません。最終的には、パレスチナ人側との合意ができ、かなり静かになりましたが。しかし最初のころは、つまり基礎的な訓練の時期には毎日、誰かが、誰かを射殺し、無実の人間を撃っていました。

――あなたの指揮官は、作戦の前のブリーフィングで、発砲命令はこうだ、と指示したんですか

はい。指揮官は大隊長とそれ以上の階級です。

――通常の作戦では、銃撃したとき、その調査がなされるのですか

それは状況や指揮官によります。まず、なかにはまったく報告しない指揮官もいます。何も、です。そのような事態になったとき、指揮官たちは近くにいます。報告を出す指揮官もいます。一枚の紙に書き記したものです。ここだけの話ですが、小隊の副隊長や大隊長がそれに目を通すことは偶然あるかもしれません。ただ調査されることはないということは明らかです。もし私が一般市民としてやったら行われるような調査はないのです。私がエルサレムの街中で、自分の武器を取り出し、撃ち始める――これは明らかに調査されます。そして新聞には「なぜ、どうして……」とあらゆる疑問が投げかけられます。しかしここでは、そういったレベルの調査など行われないのです。私たちの中隊は、世界中のメディアの注目を浴びたよく知られた事件に多く関与してきました。しかし厳重な調査がされたケースはほとんどありません。なぜかって？　メディアを避けるためです。例えば、私や戦車部隊の隊長や師団の指揮官、中隊長らが尋問されることはありました。それは上層部にあげられ、そして立ち消えになるのです。好きなように、見て見ぬふりをするのだと思います。それは確かです。

Ⅱ　なぜ「沈黙を破る」のか
―メンバーの元将兵と家族らへのインタビュー

「沈黙を破る」代表　ユダ・シャウール

ユダ・シャウール（元将校）

ユダ・シャウールは一九八二年、エルサレムに生まれた。父親はカナダ出身、母親はアメリカ出身で、二〇代前半にイスラエルへ移住して結婚した。イスラエルの主流派つまり右派の家族の出身で、高校卒業後、三、四カ月の休暇の後に二〇〇一年三月にイスラエル軍のナハル第五〇旅団に入隊した。延べ三年間の兵役のうち、後半の二年半は占領地、ヨルダン川西岸で兵士として、後には指揮官として過ごした。とりわけヘブロン市では一四カ月間、任務に就いた。最初は二〇〇一年から二〇〇二年までの約半年間、戦闘兵士（コンバット・ソルジャー）として、その後、二〇〇三年の三月からの六、七カ月間は、指揮官としての任務だった。

二〇〇四年に除隊し、その後、元イスラエル軍将兵のグループ「沈黙を破る」(Breaking The Silence)を創設した。現在、その代表を務める。

――まず、あなた自身の占領地での兵役体験から語ってくれませんか

基礎訓練が終わって、二週間ほどカルキリア市に配属された後、私はヘブロン市内の部隊に移りました。訓練が終わって一カ月後で、二〇〇一年の終わりごろです。ヘブロンに来て、「学校」と名づけられたイスラエル軍の兵舎に配属されました。そこはかつてパレスチナ人の学校だったところで、イスラエル軍が四年近く閉鎖し、当時、軍の兵舎になっていました。訓練中、私は手榴弾マシンガン（オートマチック・グ

レネードランチャー）の訓練を受けました。手榴弾を発射する機関銃のことです。一分間に一二個ほどの手榴弾を発射できます。この訓練を受けたので私はその兵舎に配属されたのです。その当時、パレスチナ人たちはヘブロン市街にあるユダヤ人入植地に向かって毎晩、数発の銃弾を発砲していました。

ユダヤ人入植地はヘブロンの谷間にあり、それを囲むようにパレスチナ人居住地域が丘の上に広がっています。それでイスラエル軍は三つの丘の頂に兵舎を設置し、陣地を確保しました。そこからヘブロン市全体を支配していたのです。一つは私が配備された学校跡、後の二つは、パレスチナ人の家を占拠したものでした。陣地に適した民家に突然侵入し、パレスチナ人の住民に「三〇分以内に必要なものをすべて持って家から出て行け」と命令したのです。結局、その民家は四年間ほど「陣地」として使用され、狙撃兵と手榴弾マシンガンの射撃手が配置されました。そして「学校」には、その訓練を受けた私が配属されたのです。

配属されたその日の午後の二時ごろ、中隊長に呼ばれて、自分の任務について大まかに説明を受けました。陣地に着くと、私はヘブロン市のパレスチナ人居住区、アブスネーネ地区の前に立っていました。そこにはまるでパズル絵のように、たくさんの家々がひしめきあっていました。パレスチナ人の住民が暮しているのです。私の右横には手榴弾マシンガンが設置されていました。重さ一五〇㎏もある、非常に強力な武器で、五〇〇発もの手榴弾が射撃されるばかりになっていました。眼下の校庭には何百という手榴弾の薬莢が落ちていました。私が着任する前にここに駐屯していた兵士によって撃たれたものです。私は強い衝撃を受けました。

まず手榴弾マシンガンとはどういうものか理解してもらう必要があります。この武器は目標を正確に狙い撃ちすることはできません。マシンガン自体に目標に照準を合わせるスコープがないのです。標的とする地点を大まかに狙えるだけです。実際に撃ってみて、照準を絞って合わせていきます。もうちょっと右、もうちょっと左っていう具合に。

着任したばかりの私に、横で上官がこう言いました。

「ユダ、奴らは毎晩、入植地に向かって撃ってくるから、こっちも撃ち返すしかない。標的はある。空き家の建物だとか建設中の建物とかだ。これは、誰が我われめがけて撃ってきたのかを特定し、そいつに撃ち返すっていう攻撃じゃない。パレスチナ人たちがイスラエル人に向かって撃ってきて、それに我われが黙っているってことはあってはならないんだ。撃ちかえさなきゃいけない。その標的を探すんだ」

私は衝撃を受け、そこに立ち尽くしました。手榴弾マシンガンの訓練を受けたときは、砂漠の真ん中に撃ち込んでいただけでした。軍の安全規則では、住民がいる場所の両側から二km以上の距離がない場合は撃ってはならないことになっていました。しかしここへブロンは市街地で、人が住んでいるのです。なのに、私への命令は「そこを攻撃せよ」でした。丘の上に陣取り、市街地の自動車を標的にして炎上させるのです。車だけではありませんでした。夜に「報復攻撃」することもありましたが、その方がもっと悲惨なものでした。午前二時に指令を受けたこともありました。私には衝撃でした。だって私が立っている陣地の近くには罪もないパレスチナ人が住んでいたのですから。

午後七時に私たちの大隊の将校が無線で命令を伝えてきました。その命令の名前は「亡霊の街」だった

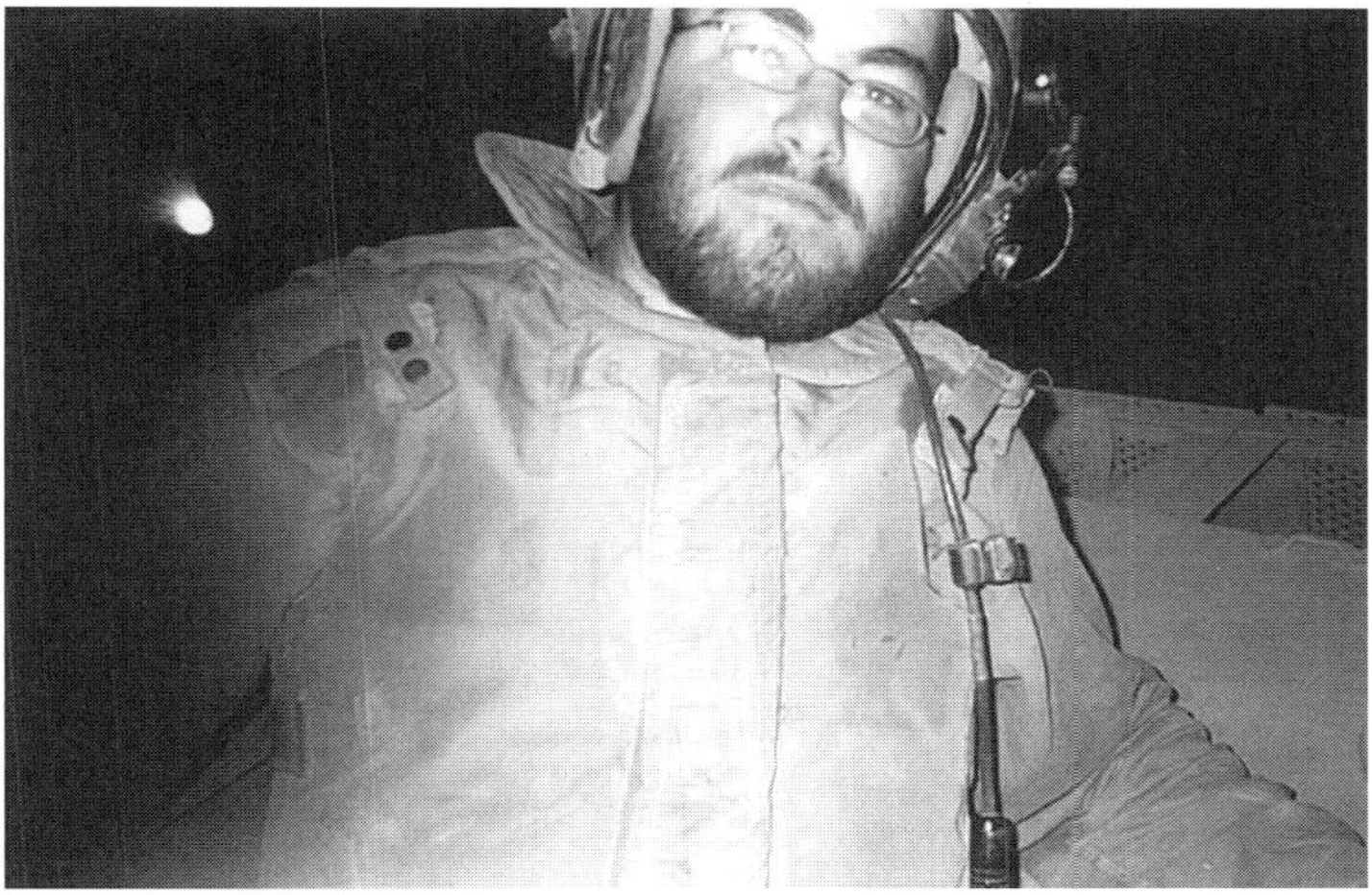

兵役時のユダ・シャウール（「沈黙を破る」提供）

と記憶しています。ヘブロンの街を囲むすべてのマシンガンは街のなかの標的に向けて砲撃を開始せよ、という指令でした。私も砲撃しました。一、二、三発やそこらの手榴弾の話をしているのではありません。毎日四、五十発の手榴弾の話なのです。手榴弾が炸裂すると、半径八m以内なら完全に死亡、そして半径一六m以内のすべての人間を負傷させる威力があるのです。これはゲームなんかではありません。三カ月間、毎晩、そうやって街を砲撃しました。それが私がやったことです。それが軍の命令だったのです。事件があったわけでもなければ、「例外的な命令」でもなかったのです。

ある時、同僚の兵士がパレスチナ人の病院を手榴弾で砲撃しました。それでも私たちは「報復攻撃」、またはは「脅かすための銃撃」だと呼びました。私たちにはそういう「言い訳」があったのです。私たちはそうやって〝沈黙〟していたのです。ただ、そんな任務の最中でもやはり心の奥底では、良心の呵責を感じていました。それでも、とにかく任務を果したのです。

――その攻撃でパレスチナ人の一般市民が殺された可能性はありませんか

その五カ月後、「ヘブロン合意」（一九九七年一月、イスラエルのネタニヤフ首相とパレスチナ自治政府のアラファト議長が、ヨルダン川西岸からのイスラエル軍の追加撤退に合意し、一月にヘブロンから大部分の兵力が撤退した）の後、ヘブロン市はＨ１とＨ２に分割されました。Ｈ１はパレスチナ人統治の地区、Ｈ２はイスラエル人の統治区でした。私たちはいつもＨ１地区を砲撃していました。

さらに五、六カ月後、イスラエル軍はヘブロン全域を制圧しました。制圧後、私たちが砲撃していたＨ１の標的近くの家を見つけました。その壁や窓には穴が空いていました。私は、もしかしたら誰かを殺したかもしれないという不安な気持ちをいつも持っていました。ただ「こんな不安な気持ちを抱きながら生活する」ことと、「この砲撃で殺された」こととは、その事態の深刻さはまったく比較にもならないし、比較すること自体、愚かだとは思います。私たちイスラエル兵は、こんな状況のなかでは〝被害者〟ではありえない。毎晩、我われに砲撃されていた住民こそ明らかに〝被害者〟なのです。

私は自分が毎晩やっていた事実から、逃れることは決してできません。イスラエルの法律からすれば、私たちの行動と、それに類することをやった私たちの世代の大半は〝戦争犯罪人〟です。その事実から逃れることはできません。それは紛れもなく自分がやったことで、誰か他の人間がやったことではないのですから。

軍に入隊するときには、私たちはちゃんと〝善悪の違い〟はわかっていました。ちゃんと自分の倫理観や道徳心は持っていましたから。でも入隊した初日からちょっとの間に、軍隊のなかで、私が今まで信じてきたものすべてが、ミキサーにかけられぐちゃぐちゃにされ、押し潰されてしまいました。住民が暮す地区に手榴弾を発砲するなんて非道なことで、狂気じみていると最初はわかっていたのに、その日の午後七時には私はもうマシンガンで砲撃しているのです。そして、その後二年半の占領地での任務で、今の自分、「ユダ」が出来上がったのです。あそこでは善と悪の違いなんて見分けることはできませんでした。

自分がやっていることを認識しないという〝沈黙の深い意識〟について例を挙げてみましょう。二〇〇四年六月にテルアビブで写真展を開いたとき、私たちは毎日そこで案内役をしたり、展示している写真を前に自分の体験談を語ったりしました。このヘブロンに関する写真展では、死体とかパレスチナ人を虐待しているシーンなどの過激な写真は展示しませんでした。そんな写真は当時も手元にありましたが、私たちがその写真展で言いたかったことは、ヘブロンでの我われの現実を提示することで、どのようにして人間がこんな行動をしてしまうまでになるのかを見てもらいたいということだったのです。住民の家々や生活にずかずかと土足で入りこんでいくことは、占領地で起こっている日常の現実であり、日課なのです。

私が写真展で案内している途中、熱心なユダヤ教徒で、私くらいの年頃の二人の青年が私に、「君たちは嘘をついている」と言ってきました。「嘘をついているって、どういうことですか」と私は聞き返しました。彼らは、「イスラエル軍のすべてがこんなふうじゃない。実際は君たちが言っているようなものじゃないんだ。これは事実とは違う。嘘だ。イスラエル軍の実際の姿ではない」と言うのです。それで私たちは話をし始めました。彼らはガザ地区で現在、戦闘兵士の任務に就いているということでした。私は笑い出して、彼らにこう言ったのです。「ガザ地区にいる戦闘兵士の友人がいるけど、彼らの現実はこの写真なんてもんじゃない、比較にならないと言っていますよ」と。すると彼らは、「そんなことはない」って否定しました。そして、外国人を含めて、そこにいた皆の前で、兵士たちのやっていることすべてを正当化し、支持すると宣言までしました。それで私は彼らに聞いたのです。「APC（装甲人員輸送車）や戦車でデイルバラ市（ガザ地区中部の街）やガザ市、ジャバリア難民キャンプ（ガザ最大の難民キャンプで、占領への抵抗が最も激しかった）に入ったとき、自動車を踏み潰したりしましたか」と。すると彼らは、「やった」と答えました。「でも、それはパレスチナ人を恐れさせるためだ。奴らに俺たちの恐ろしさをわからせてやるんだ」と言うのです。さらに私が、「それなら、街中で屋根の上の水タンクを撃ったりしましたか」と訊くと、「もちろんやったさ、奴らを怖がらせるためさ」と答えたのです。それでもう、彼らに質問するのを止めました。それ以上、尋ねることはありません。そして私は〝沈黙〟とはどういうことかわかったのです。彼らは、外国人の前で私の尋ねたことを認めても大丈夫だと思っていました。言い訳を用意していたのです。一方、私が写真展を主催したのは、そういう言い訳を失ってしまったからです。嘘っぱちな言い訳でごまかすのは止めたのです。もう、イスラエル社会の大多数の人たちが信じているようなことを信じることは止めたのです。

あそこで何をしていたのか、たとえ自分のなかの一部だけで「気づいた」と思っても、それはほんとうに気づいているということではないのです。

占領地での兵役中、どこか胸の奥、自分のずっと深いところで、何かが間違っていると感じてはいます。だからこそ私たちはこういう写真を撮ったのです。しかし今振り返ってみると、当時、自分が何をしているのかほんとうはよくわかっていなかった。ただ、同僚の他の兵士たちがやっているように、皆がやっていることを、また命令されたことをこなしていた。一つの〝機械〟になりきって、人を殺す訓練を受けてきたのです。

——もう少し、占領地でのあなた自身の体験を話してくれませんか

一八歳でビデオゲームは持っていましたが、占領地ではマシンガンを手にしていました。標的から一〇〇〇mも離れた所からゲームが楽しめるのです。映画のシーンで役を演じる。すごく満足しますよ。戦闘兵士としての訓練を受けていたときのような気分、「自分の祖国を守る歴史の一翼を担っている」という気分です。

ただ、その一方で、戦闘兵士は現場で感情を持つことは許されない状況に置かれています。もし感情を持ったら、こっちが殺《や》られるような状況にいるのですから。もっと現実的なことを言うと、ああいうところでは罪のない人ばかりを扱うのではない、武器を持ってこっちを殺そうと狙っている奴らもいるのです。占領者としては、悪い事をしないわけにはいかないような混沌とした現実のなかにいるのです。検問所に立ったら、どのパレスチナ人もすべて敵だと思わなければなりません。でないと、こっちが度肝を抜かれることになりますから。自分の安全を守るためには、まず彼らを「敵」として見ることから始めなければならないのです。

ヘブロンの現場へ行けば、よほどのウスノロじゃないかぎり、すぐに状況は飲みこめます。毎週ヘブロンのどこかの陣地がパレスチナ人に銃撃されます。旧市街でパトロールしているときは、手榴弾を投げつけられたりもします。あそこで殺されるのはそんなに珍しいことではありません。殺されたり怪我した同僚のいない兵士はいません。それが現実で、このことが事態をさらに悪くしているのです。自分のやっていることをもっと正当化することができますから。

軍事的な視点からは、すべてが正当化できます。いい例が、空挺部隊の指揮官が発案した作戦です。二〇〇二年の二月、イスラエル軍はナブルスから近いバラータ難民キャンプを攻略しました。「防衛の盾」作戦が始まるちょうど一カ月前です。

軍事的な観点からすれば、画期的な家宅捜索の初動の方法が発案されました。道路は爆弾だらけだったので、壁を突破しながらパレスチナ人の家から家へ進む、という作戦です。軍事的には、それは画期的な発案でした。冗談ではなく、軍の学校では、この戦闘手段をこれから先、何年も教えていくことでしょう。兵士たちの命を守るためには素晴らしい方法だったのです。戦場では、殺るか、殺られるかの状況です。そんななかでは誰だって生き延びたいのです。

しかし戦闘兵士としてそういう現場にいない人には、私たちがやっていたことは尋常には聞こえないでしょう。そんな行為は正常ではないし、論理的でもない。まったく狂っています。壁に突き当たったら爆弾を置いて、爆破する……。家族がなかにいる家の壁を爆破して、なかに押し入るのです。その家族の前に、何十人もの武装した兵士たちが押し寄せてきて、銃を頭につきつける。家族全員を一つの部屋に押し込めて外から鍵をかけ、家中を捜索する、あらゆるものを放り出しメチャクチャにする。しかもそういう行為は、自分たちを守るための、まさに「正しい」判断だというところから始まります。「戦場の戦闘兵士として家の壁を爆破して、なかに押し入って、テレビを壊そうが壊すまいが、何が違うんだ？　今、家を全部メチャクチャにしたじゃないか。何がいけないのだ」というふうになる。

一方メディアは、兵士たちの家宅捜索中、テレビセットのなかに手榴弾を見つけたケースがあった、といった報道をする。つまり、何をやってもすべてが正当化されるのです。そして、もう周りのことにまったく関心を失ってしまう。自分自身についてもどうでもよくなってくるのです。そして、「ちくしょう！　クソ食らえ！」って言いながら銃を撃ちまくっている自分にハッと気づく。それが自然な成り行きなのです。

――どういう経緯であなたは「沈黙を破る」ようになったのですか

除隊の二カ月前、インドやタイ、ベトナムやネパールとかアジアの国々を旅行しようと思いました。他の戦闘兵士たちも皆そうするし、今では一〇代の若者たちの多くがそうするのです。戦闘兵士としての三年間の兵役を終えたら、その間にうまく言えないけれど、そう感じたんです。

除隊する二カ月ほど前にベツレヘムに配属になったとき、私は他の友だちの皆と同じように、金をかき集めて航空チケットを買いました。イスラエルを出て、カナダで仕事して少しお金を稼ごうと思いました。戦闘兵士として占領地で過ごした三年間に溜め込んだものを脱ぎ捨て、プレッシャーを振り払うためにイスラエルを飛び出したかったのです。それまで自分がやってきたことや見てきたことを何とか処理しないと、元の自分の生活にはもう戻れない気がしたのです。

その時、二つのことに気づきました。一つは、その時から、治安や安全保障という軍人としての視点で見るのではなく、一般市民としてものを見始めたということです。軍隊のなかにいるときは、絶えず安全保障や治安の問題に取り囲まれます。自分の頭のなかは、兵士としての世界がすべてでした。

しかし除隊が近くなって初めて自分自身の生き方について考え始め、生き方について一般市民の見方や考え方を持ち始めました。その時、鏡の前に立っている自分を見てみると、頭に〝角〟が生えているのです。この三年間、自分はモンスター(怪物)だったということに、ハッと気がついたのです。自分がやってきた事、そしてやらされてきた事に気づきました。最も衝撃だったのは、それをやったのは自分自身なのだということです。その自分は、もうあの高校時代の〝自分〟ではないのです。除隊後に一般市民に戻って暮すときには、こうありたいと思っていた〝自分〟なんかではない。でも同じ自分には変わりはない。軍にいた三年間というもの、まったく違う人間だったと思いたいけれど、でもやっぱりそれは紛れもなく自分自身なのです。

だんだん過去にさかのぼっていろんな出来事について思い出し始めました。軍に任務していた三年間、そして占領地での二年半、今だったらどう考えても道徳的に正当化できないいろいろな事をやってきたことを思い出したのです。そんな時、ぞっとします。そんなに邪悪なことに自分が関わっていたなんて信じられませんでした。外側へはそれほどの邪悪を撒き散らし、内側には、自分自身でも怖くなるぐらいの陰湿さと暴力性を潜ませていたのです。最初にそのことに気づいたとき、ものすごく衝撃を受け、ぞっとして、もう何も考えられなくなりました。でも、それは紛れもなく自分だと気づいたのです。同じことをやってきた友人たちもそうでした。それが占領に潜む野蛮な邪悪です。悪党になるのに慣れきってしまうのです。しかもだんだんそういうことが楽しくさえなってくる。一般市民の生活を支配する〝権力〟を持っていることが楽しいのです。一八歳やそこらの若者が、自分の祖父母くらいの年齢のパレスチナ人に向かって何でも好き勝手なことを言えるし、何でもできる、その〝権力〟を楽しむのです。

——検問所などでパレスチナ人の老人を見るとき、自分の祖父母を思い出したりしませんか

気を許して自分のなかの〝沈黙の壁〟にちょっとでも穴を空けてしまったり、感情を入れたりしたら、もう気がおかしくなってだめになってしまいます。自分がやっていることにどうしたらいいかわからなくなってしまう。だから何も感じないようにしている。自分に〝鍵〟をかけるのです。そしてすべてを否定するのです。

——強者が弱者を支配し、強権をもてあそぶことに慣れ、それを楽しむようになっていくという過程が私にはよく理解できません。どうしてそうなれるのですか

そのことに気づいたとき、大きな風船が弾けたようでした。自分のなかに起こったことを見つめようとしました。自分はものを論理立ててよく考え、道徳的な人間で、そんな自分がこんな事をするわけがないと思っていたのに、いったい何で私みたいな人間が、と思ったのです。もう自分が道徳的な人間だなんて誰にも言ってもらう必要はない。

私は自分はこう、こう、こういう人間だと思っていたのが、突然、人をコントロールする快感の中毒になっている自分に気づいたのです。自分が権力を手にしているということを素朴に楽しんでいると気づいたとき、私は自分自身をとても恥ずかしく思いました。自分がそういう気分になるなんて、とても信じられませんでした。こんなことは、他人に対してするようなことではない。ましてや自分に何も悪い事をしていない他人に対してはなおさらです。でもどうしようもない、つい楽しいと思ってしまうんです。人びとを自分の思いのままに操る。もちろん、武器を持っているからです。もし武器を持っていなくて、同僚の兵士たちが横にいなかったら、パレスチナ人たちは私たちにすぐさま襲いかかり、殴り、蹴り、または刺し殺してしまうでしょう。それでもやっぱりそういうことは楽しいと感じ始める。いや、楽しいだけではなく、そうすることが必要になってくるのです。

パレスチナ人の誰かが「嫌だ」なんて背こうならば、「嫌だと？　俺に『嫌』だなんて言う勇気がよくあったもんだな」というふうに思ってしまう。ほんとうは、ヘブロンの入植者たちは狂っていると思っていて、自分は平和を望み、占領地から出て行くべきだとは思っているということを一瞬忘れてしまって、「俺に向かって嫌だ、だと？　主人はこの俺だ。俺はここでは〝検察官〟なんだ」って思う。そしてそんなふうに思い振舞うことで気持ちよくなっていくのです。

私はある特殊な状況にいたときのことを思い出します。そこは臨時に設けられたとても小さな検問所で司令官も、指揮官もおらず、仲のいい四人の兵士だけがそこで任務に就いていました。村の入り口を塞いでいる検問所でした。一方には、村から出るための車が、もう一方はその道を通過するために並んでいる車が、かなり長い列を作っていました。

突然、魔法の指先でもって、まるでコンピューター・ゲームで遊ぶように、私はパレスチナ人たちを操ったのです。そこにこうやって立って、誰かを指さします。皆が私のこうしろ、ああしろという指示を必死に見つめている。そして言われたとおりに彼らは動く。車をスタートさせて、私の方に走らせてくる。そして後ろの車がそれに従う。私が指示すると、ピタッと止まる。そうやって遊んでいるのです、まるでコンピューター・ゲームみたいに。おまえはこっち、おまえはあっちへ行け、こうやって、ああやって……言ったとおり動くんです。指先一本で彼等を服従させるのです。他ではこんな経験はできません。もちろん、武器を持っているから、兵士だから、そういうことは全部わかっているのですが。でもこれが中毒になってしまうのです。

自分の邪悪な行動をやり過ごすためには、やっていることを楽しまなければいけない。自分のやっていることを否定するために、自分のやっていることと正面きって向き合わないように、自分のなかに〝沈黙の壁〟を築いているようなものです。もし兵役中の一時期でも自分がやっているほんとうのことに気づいてしまったら混乱状態に陥り、いつもやっていた任務が何もできなくなってしまいますから。「沈黙を破る」というグループの名前はそこからきているのです。

破らなければならない沈黙には二つの次元があります。まず第一の次元は、個人レベルのもので、自分のしていることに気づくことです。二番目は、私が除隊する前に頭に浮かんだことですが、私や同僚たちも含めて、経験した本人にしかわからない、過去四、五年間のパレスチナ人のインティファーダのなかで、占領地で実施に起こっていた現実です。私や同僚たちのほかには、そのことをほんとうに知っている者はいない。イスラエルのメディアは占領地で起こっている事実をほとんど伝えません。イスラエル社会に現実を反映させてはいないのです。検問所は、パレスチナ人をイスラエルに入れないためだけにあるのではなくて、占領地から情報や現実をイスラエルにもたらすことをも阻んでもいるのです。そしてイスラエルのなかにいる国民は、実際の現実というものをまったく知らない。占領地での任務中に母や父から電話で「気分はどう?」などと聞かれても「ああ、大変だけどだいじょうぶさ」としか言えないのです。三週間、占領地で任務に就いて週末の金曜日に実家に帰ったとき、母さんに「どうだった?」と聞かれて、「ああ、母さん、道で八〇歳のパレスチナ人の老婆を殴るのは嫌なもんさ」とか「先週は家宅捜索のとき、家の壁をブチ抜いて、ナブルスの旧市街『カスバ』全体をぶっ壊したよ」といった話は絶対にしません。イスラエルの社会はそんなような話は聞きたくもないのです。こんな現実に面と向かい合いたくはない。「何かひどいことがあっち(占領地)で行われていることはわかっているよ。でも、そんな嫌な話はあっち側に置いてきて、家に帰るときには笑顔で戻っておいで」と言う。イスラエル社会にはそのような国民の根深い意識があるのです。

——家に戻って沈黙するのは罪悪感からですか。それとも、そういう現実を話してあなたの両親を悲しませ傷つけたくないと思うからですか

〝罪悪感〟といった感情ではありません。あそこで起こっていることを話すことはタブーなのです。つまり、「もうたくさんだ。おまえの言っていることは嘘っぱちだ。ありえないことだ。我われの息子がそんなことをするはずがない。イスラエル軍は世界で最も道徳心・倫理観の高い軍隊なんだ。頼むから、私の目から占領地の現実を遮るために作った〝壁〟を壊さないでくれ」というわけです。だから木曜日に帰省するときには、バスのなかに〝金庫〟を用意し、占領地での〝自分〟をその〝金庫〟にしまって鍵をかけ、エルサレムやテルアビブに降り立つんです。そこではみんなが喫茶店に座り、微笑んでいる。母親や父親にただいま、とキスをする。ガールフレンドと出かけ、喫茶店で、まるで普通の人のように座っている。しかしそれはほんとうの自分ではない。そして日曜日にはまた軍服を着て、グリーンライン(イスラエルとパレスチナ占領地の境界線)を越えて、再び〝怪物〟に戻る。占領地での現実は暴力で溢れていて、住民の生活を支配し、民家に正当な理由もなく押し入る。それが任務なのです。イスラエル軍のなかでよく言われるように「我われの存在を示す」ために、家のなかに押し入っていくのです。私たちはパレスチナ人に、「ここを支配しているのは我われイスラエル人で、どこでも、いつでも我われは好きなように支配できるんだ」と示さなければならないのです。パレスチナ人の住民たちは、我われがどこから、いきなり飛び出してくるのか検討もつかない。屋根から突然降りてくるのか、ドアからなのか、それとも壁を突き破ってやってくるのか……自分がこんな現実に気づくと、何かが自分のなかで沈んでしまうのです。自分が何をやっているか、わかっているからです。

友人たちに電話してみると、やはり彼らの多くが同じように感じていることがわかりました。私たちの小隊や大隊の同僚たちの多くがそうだったのです。私たちは任務中に撮った写真のアルバムを開いてみて、そこに〝物語〟があることに気づきました。この一、二年間に占領地で起こった現実でありながら、誰も知らない物語です。写真のアルバムがすべてを語っていました。そして、これが私たちの出発点なのだということをその時はっきり認識したのです。

私はミッキー・フラツマンにコンタクトを取りました。彼は『ハアレツ』(イスラエル国内の有力紙)のカメラマンです。ミッキーは我われの資料に目を通して、写真展をやろうと決断しました。また、彼はビデオによる証言のアイデアを出してくれました。さらに彼は、ドキュメンタリーのディレクターであるアビ・ムッラビーにも連絡をとりました。アビは私たちにドキュメンタリー映像の簡単な撮り方を教えてくれました。そしてイスラエル全土でビデオカメラを使って証言を撮り始めたのです。

まず私と共に任務に就いていた友人たちに連絡しました。すると彼らは私の家に来てくれて、自分たちのヘブロンでの体験を語ってくれました。それらを集め、二〇〇四年の六月にテルアビブで写真展を開いたのです。

――反応はどうでしたか

およそ七〇〇〇人がその写真展にやってきました。驚きました。そのなかでも最も重要な来場者は、現役の兵士たちでした。彼らは家族といっしょに来て、初めて自分たちの体験を語ったのです。私と同い年くらいの二、三年前に除隊した元戦闘兵士たちと話して気づいたことがあります。私たちが写真展で伝えたことは、私が所属していた大隊やヘブロン市だけでの出来事ではなく、まさに私たちの世代全体の問題であり、占領地全体のことなんだということです。つまりイスラエル社会は、占領がパレスチナ社会と私たち自身の社会にもたらす結果をきちんと引き受けようともせず、イスラエルの「最良の息子たち」を、占領者として送り出しているのです。

私と同世代の年頃の青年、つまり二二歳から二四、二五歳の青年たちの多くはイスラエルにはいません。彼らの多くがこの国から出ていってしまう現実は、理由のないことではないのです。彼らは世界中に散らばり、例えばインドではドラッグに溺れる生活をしている者もいます。彼らはただ占領地で自分がやってきたこと、そこで体験したことを忘れ、その記憶を自分のなかから追い払おうとしているのです。しかしイスラエル社会はその現実を否定しようとしています。イスラエル社会には〝遠い問題〟なのです。

――三年間の兵役を終えた青年たちの多くが海外に出るとあなたは言いましたが、なぜですか。兵役中の体験をすべて忘れたいためですか

私たちの世代は、心の奥底で、イスラエル社会にずっと騙されてきたと気づいています。だからどこか遠くへ、自分が頼ることができる何か新しいものを見つけに出るのです。人として自分のなかに以前持っていた信頼できるものを、もう一度築き直そうとしているのです。まあ、それは一部の人です。その他の人たちは、占領地でやってきたようなやり方、他人を見下すようなやり方を続けようとしています。ご存知のように、インドや南アメリカのような第三世界で、そういうやり方を続けるのは簡単ですから。イスラエルの一シェーケル(約二五円)はインドでは一〇ルピーの価値があります。そうする理由が善かれ悪しかれ、人それぞれあります。イスラエル社会は、自分の息子たちに起こっている、そんな占領支配の影の影響を見ることはありません。遠く離れた異国で起こっていることですから。イスラエル社会は、そういう状況が好都合だと思い、喜んでいます。遠いところでそれが処理され、自分たちが直接関わらなくてもいいのですから。

イスラエルの社会は、第二次インティファーダだけではなくて、最初のインティファーダのときも、一九八二年のレバノン戦争のときも、一〇代の若者を戦争に送り出してきました。そして三、四年して兵士たちが戦争から帰ったら、社会は彼らに「わかっているよ、とても過酷な体験をしてきたんだろう。戦争は楽なことじゃない。でも、ともかく国を出て、自分を解放して、そこでやってきた事は否定するんだ。そんなことはすべて忘れてしまうことだ。帰国したらSAT試験（標準学力テスト）を受け、大学に入って勉強する、卒業したら就職し、家庭を持つんだよ。その後は予備役の義務をこなす。あとはもう昔のことは忘れればいいじゃないか」と諭す。でも、「昔のこととして忘れる」なんてことはできはしないのです。それは、その後の人生にずっと影響し続けるものです。例えば小さなことでは、我慢することができなくなり、もっと攻撃的そして暴力的になる。よくわからないのですが、自分のなかの何かが〝死んでしまった〟という感じです。相手に対して深い感情が持てないのです。

例えば、軍の技術者だった友人がいます。彼はパレスチナ人の家を爆破する任務に就いていました。彼は兵役に就く前は、アーティストとして音楽をやっていました。とても繊細な精神の持ち主で、感情豊かな男です。除隊して二年ほどして、彼はある女性と恋をしました。しかしそれから三週間というもの、彼は部屋のなかから外へ出ようとはしませんでした。私が彼を訪ねると、いったい、どうしたのかわかりませんが、以前のようには友だちとして心が通じなくなっていました。彼が私にこう言うのです。

「いったん心を開いてしまったら、もうだめなんだ。当時のあらゆる光景や叫び声など、占領地でのことがすべて蘇ってしまうんだよ。打ち消そうとしても、僕にはどうしようもないんだ」と。彼がベッドから出て来られるようになるまで二、三年かかりました。占領地での記憶を自分のなかに押し込め、それを否定しようとしていたのです。

そんな現実を目の当たりにすることが、私には最も辛いことでした。だからこそ「沈黙を破る」のグループを立ち上げたのです。

――兵役によって自分はどう変わったと思いますか。またそれは除隊後も残るものですか

以前よりずっと怒りやすくなっている。以前よりずっと辛抱できなくなっている。エルサレムの旧市街を歩いていると、まるで兵士として銃を持って歩いているような気になってくる。自分に向けて手榴弾が投げつけられるのではないかと、周りの窓を詮索しながら歩いている。そういう自分から逃げられないのです。道で出会うあらゆるパレスチナ人を、無意識に捜索するような目で追っている。そういう自分自身からどうしても逃げ切れないのです。でも兵士として任務に就いているときはわからないものです。任務から離れた後、初めてそのことに気づいて、理解できるようになるのです。

――「記憶を自分のなかに押し込め、それを否定する」とはどういうことですか

つまり、三年もの間、日常的にパレスチナ人の市民生活を支配し、住民のプライバシーを侵害し続け、彼らに対する人間としての感情を遮断し続けた後に、自分のなかに生まれた何かです。他の人間に対して感情を抱くことができた以前の自分に、ある時点から戻れなくなってしまうのです。軍隊のなかでは〝プロの兵士〟でなければならないし、とても強烈な世界です。任務中は、プロでなければならず、感情なんて差し挟んではならない。A、B、C、Dと命じられた通りに行動するよう訓練されるのです。そして戦闘兵士ではなくなっても、この〝プロの兵士〟意識は残り続けます。どこか自分のなかの深いところで自分の感覚を失っているのです。もちろん私たちは〝占領の被害者〟ではありません。感情を失った者と家を失ったパレスチナ人の家族とその深刻さを比べることなどできません。

イスラエル人の間では〝占領〟についていろいろな議論がされています。占領に賛成とか、反対とか、また入植地を造るべきだとか、占領地から撤退すべきだとか……。しかし多くの人はわかっていないことがあります。

多くのイスラエル人は「セキュリティー(治安・安全保障)、セキュリティー」と口をそろえて言います。自分たちの国を守らなければならない、と。しかしこの国がまもなく、まともな国ではなくなってしまうことに気づいてはいない。そのうち私たちすべての国民の魂が死んでしまうのです。社会の深いところが死んでしまいつつあるのです。そのことはここイスラエルで、社会全体に広がっています。

例を挙げましょう。例えば「ミサイルで狙い撃ちする暗殺」です。第二次インティファーダの初期には、イスラエル軍はこの「暗殺」の戦術を実行するのにとても慎重でした。あそこで一度、ここで一度という程度でした。でも時が経つにつれ、毎日のようにさまざまなパレスチナ人を爆撃するようになりました。つまりパレスチナ人に対して〝道徳的に判断をする能力〟、つまり合法的かどうかを熟考し、予想と結果に向き合い、その是非の思考を反芻する能力を失っていった一例です。

――あなたのような青年がなぜイスラエルでは以前は出現せず、今になって出てくるのでしょうか

問題は、「なぜ今になってやっと目覚めたのか」ではありません。それより、「今、目が覚めた」ということが驚きなのです。イスラエル社会ではずっと何年もの間、一〇代の若者が育っていくときに社会のピラミッドの頂点にあるのは、イスラエル軍を指揮する司令官という地位でした。それが最高のゴールだったのです。だからイスラエル軍に入り、戦闘兵士になることは何ら疑いもないことです。そこに行くことは当たり前のことだったのです。イスラエルの歴史に自分たちの足跡を記すんだという思いです。兄も戦闘兵士だったし、自分も戦闘兵士、そして父もそうだった、というふうにです。だからイスラエルの若者たちは「イスラエル軍は最も道徳心の高い軍隊だ」「道徳的な戦争もあり得る」「住民を啓蒙する占領なのだ」といった「神話」や、三つや四つのときからずっと洗脳されてきた六日戦争(イスラエルが大勝利した第三次中東戦争)の戦勝アルバムや数々の武勇伝のなかで育ちます。しかし実際に戦場に行くと、育ってきたなかで聞いていたことと、いま実際目の前で起こっていることとの間の〝距離〟に気づかされます。それはもう西と東の違いくらいのものです。そしてまた自分という個人の次元に戻るのです。そんなぞっとするようなことを自分自身がやっているのですから。つまり自分はこういう人間だ、軍隊とはこういうものだろうと思っていたこととの違いを目の当たりにする。これまで教えられ信じてきたことは嘘っぱちだったことを思い知るわけです。現実を目撃し体験した兵士たちは目を覚まします。しかしイスラエル社会の大半は目を覚ますことはなくて、自分の〝裏庭〟で何が起こっているのかまったくわかっていないのです。

――これまでも占領地で任務に就いた兵士たちはいたのに、どうして今まで目を覚まさなかったのでしょうか

今まで彼らは目を覚ましませんでした。三八年という占領の年月の問題ではなく、それは文字通り「沈黙を破る」という言葉のなかにその答えがあります。新聞の記事に「ある兵士が検問所でパレスチナ人を虐待した」などと書いてあると、みな大声を上げて、「これは大げさに書いているだけだ、こんなのは例外であって、ほとんどの兵士はそんなんじゃない」って叫ぶのです。例えば、一〇カ月ほど前に南部方面からナブルス市に入る唯一の検問所「フワラ」でこんな事件があり、軍の記録映像が撮影されました。「軍はパレスチナ人をどう扱っているのか」というテーマの映像です。撮影隊が、一人の軍曹がパレスチナ人を殴るシーンを撮りました。すると、その軍曹は即座に裁判にかけられ、虐待の罪に問われました。その直後、あらゆるメディアやイスラエルを代表する人びとは、「これは極端な例外であり、このような事件は法のもとに裁かれるべきだ」と主張しました。するとその軍曹の属している小隊の同僚六四人が、軍の参謀総長あての申し立て書を送り、「こんなことは例外でも何でもなく、日常行われている現実で、フワラの検問所を管理する方法はこれしかないのです」と抗議したのです。フワラの検問所では毎日六〇〇〇人のパレスチナ人が歩いて通りますが、たった六人のイスラエル兵が八時間交代でそこを立って管理していました。兵士たちが言うには、そんな状況でフワラの検問所をコントロールできる唯一の方法は、パレスチナ人五〇人につき一人を殴り、また炎天下で二、三時間待たせてカラカラに干からびさせる、そうす

ることで「ここでの支配者はイスラエル軍なのだ」と見せつけることなのだと、と訴えたのです。しかし、誰もそんな申し立て書の内容に真剣に耳を傾けようとはしませんでした。イスラエル社会にとって一番いいやり方は、そういった話は例外にすぎないのだと信じ込むことなのです。「こんなことは極端な例だ、現実とは違う。我われの息子たちがこんなことをするはずがない」というふうに。だからこそ私たちは「沈黙を破る」という言葉で、「それは例外なんかではない。それは私も、あなたの息子も、そして私たちの世代の若者みんながやっていることで、多かれ少なかれ、すべての戦闘兵士たちが虐待や略奪、財産破壊などに関わっている」と表現しようとしているのです。

その考え方の違いが私たちとイスラエル社会とを隔てている〝壁〟だと思います。私たちを信じている母親たちは、今ヨルダン川西岸のジェニンで息子たちが何をしているのかをきちんと知るべきです。しかし、それを実際信じる母親などいません。自分の息子が週末の木曜に実家に帰ってきてシャワーを浴び、殺したパレスチナ人の死体の臭いを洗い流す。日曜日に占領地での任務地に戻ったら、またパレスチナ人の家を捜索して、お楽しみのためだけにその家のテレビをぶっ壊しているといったことを、です。捜索の任務の真っ最中にちょっと休憩したくなって、パレスチナ人の家に押し入って、そこの家族を皆一つの部屋に押し込めて鍵をかけ、自分は座ってテレビでサッカーの試合を見ている。占領地での戦闘兵士のやっている現実は、こんなに野蛮なことなのです。でも、イスラエル社会は、そんなことが現実だなどと、信じようとしないのです。イスラエル社会の人間として、そこを占領すると決めたことに正面切って向き合いたくないのです。一八歳の若造にパレスチナ人の生活を武器で支配する権限を持たせているという現実を、です。心の奥底では私たちは、これが避けて通れない占領の必然の過程なんかではないし、皆がみなそんなことを占領地でやっているのではないと、思いたいのです。でも私たちは占領地にいたし、友人たちもそこに行った、他の人たちもそうです。そして、そこへ行ったことで大きな影響を受け、その占領の一部になった。占領地での現実を葬ったまま、自分がやったことに何の自己判断もせず、他の皆がしていることをやっているのです。

——あなたは、以前「イスラエルが自ら占領地で行っていることが、イスラエル社会に深い影を落としている、いっそう暴力的な社会になっている」と言っていましたが、具体的にどういうことですか

ちょっと新聞を広げて見れば、夫が自分の妻を殺す事件や通りでのレイプ事件、さらに交通事故などがどれほど多いかすぐにわかります。社会がストレスに満ちているのです。それは秘密でも何でもないことです。

——どうしてそれが、占領が社会に及ぼした影響だと言えるのですか

私は心理学者ではありません。ただ自分や、自分の友人たちを見ていてわかるのです。あの占領地で起こったことから生き残れるんだったら、車で一八〇㎞のスピードで走っても生き残れる、と心の底から思えます。どんなことでも生き残れるという感じです。インドでも生き残れる。実際そういう人たちに会いましたから。ＬＳＤ(幻覚促進剤の麻薬)を吸ってバイクを乗り回す若者もいます。占領地で生き残れるのなら、どんなことでも生き残れると思うからです。

私はこの問題に対して、イスラエル社会の意識を促したいんです。イスラエルの社会に、占領地で起こっていることをきちんと直視してもらいたい。私たち自身の社会のためにです。問われなければならない疑問をきちんと問いたいのです。いったい、いつまで占領地でやっていることを正当化し続けるのか、いったい、いつまでこんなことをやり続けるのか、と。

――占領地での実態を公にするとき、イスラエルの国民とりわけ右派に、「お前たちの言っていることは大嘘だ」と非難され攻撃されることを恐れませんでしたか

私たちの言っていることは事実ではないなどと誰も言えません。私自身がやったことを語っているのですから。私が嘘をついているなんて誰も言えません。自分が何をしてきたのか、誰よりもこの私が知っているのですから。多くのイスラエル人が、私たちは例外的なケースであり、罰せられるべきだと言います。それなら、軍の警察は私たちを裁判にかけるべきです。私たちが写真展を開いた最初のころ、当局による尋問が始まりました。私たちを非難したいのです。ある意味、誰かが私のやったことを告発する日が来るのを待ち望んでいます。私を法廷に引き出せば、当局は当時の私の上官たち、つまり旅団の司令官、大隊長、中隊長、小隊長を呼び出し、私がやったすべてのことのために彼らも被告席に着かなければなりません。彼らは兵役中の私の行動を支持していたのですから。

「沈黙を破る」で私たちが主張しているのは、「みんな、目を覚ませ」ということなのです。告訴するなら、検問所でパレスチナ人を虐待した兵士が責められ、すべての戦闘兵士が法廷に立たなければならないことになります。刑務所までは長い、長い列を作って歩くことになるでしょう。多かれ少なかれ、私たちは皆同じことをやってきたんですから。皆同じなのです。

――二〇〇四年一〇月にガザ地区のラファで、学校へ登校する途中の少女が、近道しようと軍基地近くを歩いたために撃たれる事件がありましたね。その時、撃たれ倒れた少女のところへやってきたイスラエル軍の将校が、その少女の身体に至近距離から一五発以上の銃弾を撃ち込みました。息の根を止めるためだったと言われています。私たちには信じられないのです。一人の人間が少女の遺体にそんなことができるということが

占領地での戦闘兵士の日常と、イスラエルの一般市民の日常とのギャップを象徴する一例です。

〝死の確認〟は、基礎訓練の初日から教え込まれる基本的な命令です。戦闘における〝死の確認〟はしごく道理にかなったものです。敵との戦闘中、陣地の壕から出て丘を登っていくとき、敵が死んだのを確認してから前進します。さもないと誰かに背後から殺られてしまいますから。それが代価です。ただ問題なのは、占領地での状況と戦場での状況とは違うのに、イスラエル軍は、占領地での兵士がとるべき行動と、戦争時の行動とを分けていないことです。だから、少女に対して〝死の確認〟が行われたのです。たとえ私でも、その状況なら同じことをやったと思います。一般人を殺したときもその死を確認します。それが命令なのですから。私たちはそのように訓練されたのです。

誰かが今自分の標的だとしたら、それに向かって発砲する、そして近寄り、撃った相手が完全に死んだかどうか確認する。それが戦闘兵士としての根本的な〝本能〟です。国防相や参謀総長は、それは例外的な話として世間に示そうとする。これこそが彼ら皆がつくる一番の大嘘です。参謀総長が公の場に出てきて、「〝死の確認〟なんて、そのようなものは我われの軍には存在しません」とうそぶくのです。私たちが

イスラエルの議会、法と憲法会議で証言したときのことをよく覚えています。「人権とテロとの闘い」についての議論でした。そのなかで〝死の確認〟の話になりました。私が〝死の確認〟はイスラエル軍の命令だと言うと、そこにいた軍の将校が「そのような事実はいっさいありません」と反論しました。すると、「ミュニック」という愛称の友人が立ち上がって、こう言ったのです。「それなら、どうか私を逮捕してください。私は〝死の確認〟を三度やりました。どこでやったのかも証言できます」と。そして一番目はここで、二番目はあそこで……と叫び始めました。すると、そこにいた皆が、「黙れ!」と怒鳴り始めたのです。そしてそのまま議論は続きました。誰もその微妙な問題に触れたくないのです。何もできることがないのですから。

〝死の確認〟は軍ではお決まりの手順なのです。つまり、誰かがあなたの標的となり、そしてあなたはその標的の死を確認する。その標的が小さな女の子だろうが老婆だろうかは関係ないのです。いったん彼女を標的にして撃ったら、倒れた標的のところへ走っていって、確実に殺すために再び撃つことは兵士としての本能です。繰り返しますが、そういうとき、なぜ彼女が標的になったのかなんて誰も尋ねたりしません。そこでは、誰もその取り決めの規則に問題があることなんて気にかけないのです。なぜその少女が撃ち殺されたかって? 占領地のなか、兵舎や入植地の周囲には〝デス・ゾーン〟(死の区域)があることを、誰も本気で信じていませんでした。でも、ガザ地区にはその〝死の区域〟が存在するのです。線を引いてあるわけではありませんが。そして命令は、その区域に入った者は全員殺せ、というものです。そのことを問う者は誰もいません。イーマーン・アルハムスというパレスチナ人少女が撃ち殺されて初めて、イスラエル社会がこの〝死の確認〟や〝死の区域〟の問題を取り上げたのです。中隊長はその少女を確実に殺すための銃撃を実際行ったかどうか、と。しかし誰もほんとうの問題を問おうとはしませんでした。つまり、なぜ少女は死んだのか、なぜ殺されなければならなかったのか、そのようなことをやれる規則とは何なのか、という問いです。繰り返しますが、それは私たちがその核心の問題に触れたくないからなのです。

――あなたは占領地でイスラエル兵たちが何をしているかをイスラエル社会のなかで敢えて公に語り始めましたが、あなたの友人たちや社会はそれにどういう反応を示したのですか

相反する二つの反応がありました。私たちのことを「売国奴」「犯罪者」と呼ぶ電話がたくさんかかってきました。その一方、「勇気ある行為だ」という電話もあったのです。

相手が左派か右派かということは、その反応に関係ありません。私自身は右派の家庭の出身です。友人たちが私たちの「沈黙を破る」の活動について知ったとき、反対するなんてできませんでした。私のことをよく知っているし、どんな人間かも知り尽くしています。私が嘘をつくような人間ではないこともわかっています。私がしたことも聞いて知っていました。だからそれについて論議するなんてできません。

もう一つの問題は、イスラエルの国土と宗教的な信念のために、社会に対してその〝代価〟を支払う用意があるかどうかということです。これが現状なのだということは誰も否定できません、みんな占領地にいたんですから。しかも私の友人の大半は戦闘兵士でした。彼らは実際、占領地で何が起こっているかを知り尽くしています。私から説明するまでもないのです。

――彼らはあなたに賛同し、支援してくれますか

ほとんどの友人たちはこの「沈黙を破る」の活動を支援してくれます。私の親友たちは、たとえ政治的な見解は右派であっても、私たちが主張していることに反対はしていません。彼らはこう付け加えるのです。

「君の言うとおりだ。僕らはこの社会のために、道徳心や感情を犠牲にするというものすごい〝代価〟を払わせられている。そしてパレスチナ人は我われの何百倍もの〝代価〟を支払っている」と。それでも彼らはやっぱりパレスチナ人が正しいとは思ってはいない。「奴らは俺たちを海に投げ込みたいんだ。イスラエル全土を欲しがっているんだ」といった疑いを持っています。でも、彼らのうち誰も、私たちが語っていることが現実ではないなどと言えません。今や人びとが立ち上がって、そのことを発言しているのです。

――イスラエル軍当局は、あなたたちの言動を疎ましく思っているでしょうが、その圧力を恐れることはないですか

イスラエル軍当局が私たちのやっていることを不快に感じていようがなかろうが、あまり気にかけていません。イスラエル軍がイスラエル社会そのものというわけではないのですから。そこがイスラエルの問題点でもあるのです。〝セキュリティー〟というのはものすごい力を持った言葉で、ひとたびその言葉が出れば、みなが口を閉じてしまう。

当局の圧力は怖くないかって？　いいえ、私たちが怖いのは当局の圧力ではありません。そういう問題ではないのです。

イスラエル軍当局とは連絡をとっていません。参謀総長のところへ行って、「我われのやっていることをきっと気にいってもらえるはずです」などと言うつもりもありません。そんなことはどうでもいいことです。真の民主主義社会では、社会が軍を管理していかなくてはなりません。私たちは家に帰ってきて、占領地で自分たちが何をやってきたのかを語っているのです。それをイスラエル軍当局がどう思うかはどうでもいいことなのです。ほんとうの民主国家だったら、イスラエル軍は私の下になければならない。参謀総長も私の下なのです、私は国民なのだから。彼のやっていることは、私のためであるべきなのです。つまり国民である私が彼をコントロールすべきなのです。

――「沈黙を破る」の活動を始めてから、あなた自身はどう変わりましたか

問題は個人的なことではないと思います。「沈黙を破る」のメンバー全員がその活動によって、それぞれに影響を受けています。この活動に関わることで、個人のレベルで大きな〝代価〟を払っているのはわかっています。それに絶望的な気分になるし、怖いし、辛いことです。毎日がそうです。でもやるんです。軍のなかにいるときも、やらなければならないと思って、辛いことをやってきました。今も同じことをやっているのです。私たちは道徳的にそれをやる義務があると感じています。それはイスラエル社会に対してではなく、世界のすべての人びとに対してです。とくに最近では、〝占領〟はイスラエルだけの問題ではないからです。

――これからはどういう計画ですか

今は将来どこへ向かっていくのかまったくわかりません。私たちは今、この時を生きようとしているのです。イスラエル社会に伝えたいことをできるだけ大声で叫ぼうとしているんです。

――昨年（二〇〇四年）、「沈黙を破る」の取材を申し込んだとき、「外国人ジャーナリスト」の取材を受けられないと断られました。しかし今年、こうやって海外のメディアの取材を受け入れるようになったのはどうしてですか

イスラエル内で海外の報道機関にこういう問題を話したり、イスラエルの外で語ったりするのは、要するに「外で汚い洗濯物を洗う」ようなもので、〝売国奴〟のようなものだ――私たちもそういうふうに思っていました。だから最初は、世界に向かって公にすることを拒み、イスラエル国内に絞るべきだと思って、実際そうしてきました。それもグループの成長のための一過程だったのですが、やがてこの問題はイスラエルに限ったことではなく、人間としての普遍的な問題だということに気づいたのです。その後、これまでのやり方を変えるのに一年近くかかりましたけど。

――あなたはこの活動を通して、イスラエル社会に何を期待しているのですか

それはいい質問です。私は世界のあらゆる人びとにこう期待しています。ヘブライ語の諺で「他人の過ちから学べ。すべての過ちを犯す時間はないのだから」というのがあります。

私たちはイスラエルの青年たちのことだけを語っているのではないのです。世界のどこかを占領しているあらゆる軍隊について話をしているのです。その軍隊はこういった過程を必然的に通ることになるのです。なぜなら〝占領〟し続けるには、他の方法などないのですから。

（二〇〇五年八月）

アビハイ・シャロン(元兵士)

アビハイ・シャロンは一九八二年、テルアビブで生まれ、宗教に熱心でシオニズムの思想の強い家庭に育った。第二次インティファーダが勃発する二カ月前の二〇〇〇年七月にイスラエル軍に入隊、ゴラニ旅団の一部「エゴズ」隊(特殊部隊)に所属した。この部隊には常駐の基地はなく、ナブルス、ジェニン、ヘブロンなど各地を移動し、占領地の町や村での容疑者の逮捕、武器などの捜査が主な任務だった。二〇〇三年一一月に除隊した。

――兵士になる前、あなたはどういう青年でしたか

私はごく普通の青年でした。愛国心を持った平均的な青年で、占領に反対する左派の家庭の出身でした。自分たちの周りで何が起こっているのかはわかっていましたが、一八歳の若いイスラエル人の青年の私にとって、兵役に就くことは何ら疑問の余地もない、当然の行為でした。それはイスラエル人としての義務であり、愛国的な責務です。イスラエルの歴史の一部となるチャンスでもあり、自分たちの国を守ることでした。だから軍に入るのは当然なことだったのです。

――占領地で何が起こっているか、そこでイスラエル軍が何をやっているかについて何か情報を持っていましたか

アビハイ・シャロン

ほとんど情報はなく、ごく一般的な知識だけでした。詳しいことは何も知らなかったのです。テルアビブやエルサレム、ハイファのようなところで普通に暮していれば、現地など見たこともなく、目の前に存在するものでもない。だから、自分が実際にそこへ行くまで、占領地にいるということはどういうことなのか、まったくわからないのです。

――占領地で兵役に就くことには何の躊躇もなかったわけですね

兵役前は、まったく躊躇なんてしませんでした。できれば占領地へは行きたくないとは思っていましたが。でも兵役に就く直前には占領地に行くことを拒否するつもりもありませんでした。たとえ行きたいとは思わなくても、拒否することは私の選択肢にはなかったのです。

繰り返しますが、私は占領地について詳しいことはまったく知りませんでした。イスラエルに生まれ、その一定の生活スタイルや考え方など全体の社会背景のなかで育つと、パレスチナ人側の立場については知らないような状況になってしまうのです。自分たちは国を守る義務を果さなければならないということならわかる。他のすべてのことはたいしたことではなく、自分が育ってきたなかで知る必要なんてないことです。学校で歴史を習うときは、パレスチナの歴史なんか習わない。それに私は〝ホロコースト〟生還者の三世なのです。私の祖父母はホロコーストの体験者です。だから〝自分の身を守る〟という体験に基づいた感覚は、今も私たちの社会のなかに息づいています。いつもそのことが頭から離れません。だから自分に召集のときが来ると、「さあ、自分の番が来た」という感じです。私の父も、兄たちもその役割を担う番があった、そして今度は私の番なのです。そのために私は特殊部隊に入りました。そこで自分の最善を尽くして、自分の持てるすべてを捧げるつもりでした。

——そういうあなたがどのように変わっていったのですか

私が所属した部隊は、訓練期間が長いのです。一年と二カ月つまり一四カ月間、ただ訓練だけでした。特殊部隊でしたから。私が初めて占領地に入ったのは、この基礎訓練を受けていたときで、二〇〇〇年九月末にインティファーダが始まったころでした。占領地のジェニン地区で何かの作戦に参加しました。インティファーダが始まって二、三週間後だったと思います。それから毎晩、私たちが駐屯する基地にパレスチナ人が銃撃してくるという日常が始まりました。ほんの二、三発の散発的な銃撃ですが、いったいどこから撃ってきているのかわからない。そこはパレスチナ人の村の近くでしたが、相手が撃っている場所はわからず、ただパレスチナ人の民家が見えるだけでした。それからどんどん事態はエスカレートしていきました。正午ごろ、子どもたちが学校から出てきて、道で石を投げ始める。私たちはそこへ出ていって催涙弾で応戦するわけです。そして基地に戻って数時間して夕方になると、パレスチナ人が空に向けて二、三発撃ってくる。それでこちらも空に向かって銃を撃ち返しました。

人間というものは、問題を探し、問題が起こるのを求めるものだということがわかりました。私たちはまだ一八、一九歳のガキだったのです。ゲーム遊びのようなものです。ほんの二カ月前まではニンテンドウのゲームをやっていたような連中です。ゲームマシーンの操縦桿で画面の人形を撃っていたのが、今は本物の人間を撃てるのです。本物の銃と実弾を使って、本物の人間を撃てるのです。事態はどんどんエスカレートしていきました。そのうちマシンガンなどのあらゆる武器で毎晩、撃ち返すようになる。それでも相手の銃撃が止められないとわかると、基地の司令官はこういうのです。「よろしい。これから戦車のマシンガンで村へ向けて銃撃するんだ」と。

——占領地でのどういう体験があなたを変えたのですか

私が占領地で本格的に任務に就いたのはさらに一二カ月経ってからです。テロリストたちを殺すなど、とてもハードな任務を遂行する特殊部隊のことは聞いてはいました。その部隊に入ることはとても名誉なことなのです。訓練を終えて任務に就ける日を待ちました。そして二〇〇一年の九月に訓練を終え、私は特殊部隊の一つに配属されました。

それからしばらくの間、私たちの任務の大半は、待ち伏せ攻撃でした。それはまったく退屈で、面白くも何ともなかったのです。そして「防衛の盾」作戦の二カ月前つまり二〇〇二年一月から、私たちは毎晩、村や市街に侵攻するようになりました。

ジェニンへも行きました。私たちは行けと命じられれば、どこへでも行きました。容疑者の拘束作戦や家の捜索をやり、ジェニン、ナブルス、ヘブロン、ベツレヘム、トルカレムなどの街やたくさんの村へ行きました。ほんとうにどこへでも出動しました。そういうなかで、私は占領地での退廃した現実の一部となっていきました。住民の生活のなかに侵入し、家を破壊しました。すべて作戦遂行の手順でした。それはただ楽しみでやったのではなく、やらなければならないことだったのです。

イスラエル軍は兵士たちを路上で敵の銃撃にさらしたくなかった。だから、とくにナブルスでは、兵士たちは住民の家々を壊しながら前進しました。想像してみてください。一八、一九歳のガキが日に一二時間も一四時間も、しかもそれを何週間にもわたって来る日も来る日もやるのです。壁を壊して次の家の居間に押し入る、そこからまた壁を崩して次の居間へ進む。そんなふうに、一区画すべての家々でそれをやるのです。そんなことをしていたら、人間のなかで何かが崩れていき、心が退廃していかないわけがない。人間の生命にも、他人の財産にも、住民の家についてまったく無感覚になってしまうのです。罪のないパレスチナ人の生活のことを想像してみてください。ほぼ五年間、パレスチナ人住民は安心して眠れる夜が一晩としてないのです。武装した兵士たちが街や家にやってきて、ずかずかとその生活のなかに押し入ってきて、何時間も、何日も、ときどきは何週間もそこに居座るのです。

そういう現実に気づくと、自己否定して、自分の殻に閉じ込もってしまう。それに自分が対処できない

兵役時のアビハイ・シャロン(「沈黙を破る」提供)

からです。自分が何者で、何をしているのかということにきちんと向かい合えない。自分がそんな恐ろしいことをやっているのですから。六歳や七歳の幼い子どもの目を見ると、泣いているのです。だって、部屋に放り投げ入れられ、クローゼットをひっくり返され、自分のものがメチャクチャにされて調べ上げられ、その子の母親の下着まで調べられるのです。住民が家のなかにいるのに、その家の壁に爆薬を仕掛ける。どんなひどい被害をその家族に与えるか想像してみてください。そのすべてが何も特別なことではなく、日常のいつもの任務なのです。だからもう自分のなかに〝鍵をかけてしまう〟しかないのです。〝否定〟のなかで生きる。つまり自分が何者であるかなんて考えないことです。ただ淡々と任務をこなし、部隊の基地に戻ってきて、眠る。そして起きて、次の任務に出かけていく。それだけです。それに疑問を持たないように、自分自身を内側に閉じ込め〝鍵〟をしてしまいます。自分がやっている現実に気づかないこと、見ないことです。そんな自己崩壊的な状況になると、もう抜け殻状態になります。

まったく無感覚になる、相手のパレスチナ人に対しても、その家々に対しても、また彼らの財産に対してもです。もう自分自身についてもどうでもよくなってしまう。テロリストの家の外で、夜中に眠り込むことだってできる。眠り込んでしまうのです。もうくたくただし、自分のことはどうでもよくなっているから。それが、兵士が無感覚になり、自分が生きている現実を絶えず否定するようになるプロセスなのです。

――占領地での体験が、兵士たちの道徳心を麻痺させてしまうのですか

その通りです。それが私の言っている〝退廃〟ということなのです。何も感じなくなり、ただ〝機械〟になりきって仕事をこなす。そして道徳心や社会的な感性、人間としての感性などが全部麻痺するのです。麻痺して当然ですよ。だってそんな感性があったら、夜中の三時に民家に押し入り、泣き叫ぶ六歳の子どもを外に放り出すようなことを毎日繰り返せるはずがないのです。ただ〝機械〟や〝ロボット〟になりきって仕事して、任務を果す。任務を果したら眠って、目が覚めたら次の任務へ、それだけです。そうでなければやっていけないのです。だから道徳心や社会的感性なんて麻痺してくるのです。「自分の目の前にいるのは人間なんかではない、全員〝敵〟なんだ」と思う。すべての人が敵なのだから、闘う相手は軍隊ではない、住民、子ども、六歳の子ども全部が「敵」ということになります。好むと好まざるに関係なく、毎晩その子の家に侵略すれば、敵にしたくなくても、その子は敵になります。その子の家に押し入ることによって、自分たちがその子どもを敵に仕立てているのです。
そんなことが日常茶飯事の生活を送り、それが日常の現実となれば、道徳心も価値観も麻痺してしまいます。正常で立派な人間だった自分の理想や価値観、またあらゆる道徳心をすべてミキサーのなかに突っ込んで、スイッチを入れて、全部ぐちゃぐちゃにして、何にも残らない、というようなものです。

私の友人に元将校だった者がいます。彼は「沈黙を破る」のグループのメンバーですが、彼がこのグループに入って最初に取り組みたかったのが、以前彼が将校として何年も指揮していた部下の兵士たちにインタビューすることでした。彼の部隊でいったい何が起こっていたのか知りたかったのです。それでインタビューを始めました。

ある作戦地区で数カ月間配置されていた一人の兵士に話を聞きました。その兵士が言うには、当時、とても退屈で、しかもそれは一日ではなく、ほとんど毎晩そうだったらしいのです。それで彼は陣地から銃撃を始めました。その直後、上官の将校(つまり私の友人)から「何を撃っているんだ?」と聞かれて、「そこから銃撃されたんです」と答えていたというのです。元上官のインタビューに答えて彼は、「僕らはどこからも撃たれたことなんかなかった。ただ退屈だったから撃ったんです。僕らはその陣地に八時間も座ってるんです。八時間ですよ! もうとても退屈で、何かせずにいられなかったんです」と答えました。
そしてその兵士は元上官にこう言ったのです。「でも、僕は別にそんな悪い人間じゃないと思っていました。いつも人びとを平手打ちして回る国境警備兵みたいな連中とは違うと思っていたんです。ただあまりにも退屈で、他に何もすることがなかった。ただ手にしていたのはこのライフル銃だけだったんです」と。

これはほんの始まりです。これがどんどんエスカレートしていきます。退屈さ、無感動、残忍さ、そして暴力と、すべてがエスカレートしていくのです。もう止まらない。そして退廃的で破壊的なプロセスに巻き込まれると、どんどん転げ落ちていき、もう這い上がることはできないのです。もう普通に戻すことのできる限度を超えてしまっています。だって、来る日も来る日も、「これが限界だ。これ以上は道徳的にやってはいけない」という境界線をそのつど自分なりに引いたって、次の日にはもうその限界線を越えてしまっています。そうしなければならなくなるのです。

爆弾やハンマーを持ってパレスチナ人住民の家の壁を通り抜けていく。つまり毎日一二時間、一軒の家から次の家へと移動し続けるのです。その家のなかで一人の兵士がテレビをぶっ壊すと、上官が「どうしてそんなことをするんだ」と詰問した。するとその兵士がこう答えたのです。「何だって？　一日中、住民の生活を壊しまくっているのに、たったテレビ一台を壊したことくらいで怒鳴り散らすのかい？」って。最後には、狂いまくっていることが唯一の論理だってことに気づかされるのです。その兵士が言っていることは、とんでもない論理です。しかし毎日毎日、私たちがやっていることは、ただ人びとの生活を破壊し尽くすだけなのです。それが現実です。そのなかにいるときはこのことになかなか気づかず、自分たちが一線を越えてしまっているとわかるのはとても難しいのです。それを感知できないのです。それを感じる機会も、時間も能力もない。無感動になり、すべてを否定して、自分の殻のなかに閉じこもってしまうのです。

――自問することもないのですか

そんな時間の余裕はありません。一つの任務が終わると、もう二時間後には次の任務に向かうのです。そして翌日の夜にはまた次の街へ移動、といった具合です。単に物理的な時間の余裕がないだけではない。精神的な余裕もない。その能力もありません。いいですか、もしそんなことを任務中に考えてみたり、拘束作戦から帰って自分の姿を鏡に映したりしたら、その次の日の朝は絶対に起きられませんよ。いったい、どうやって起きられますか。自分が〝怪物〟だってわかったら、どうやってそれを続けられるでしょうか。だから任務を続けるためには、自分が〝怪物〟なのだということに気づかないことです。その現実と向かい合わないことです。

私はナブルス市で任務に就いたことがあります。パレスチナ人の容疑者を拘束する作戦で、ナブルスの旧市街に二、三日いました。そこで私たちはくたくたに疲れ果てていました。いつも民家の壁を崩して家に侵入する作戦を繰り返していました。

その時は昼間だったのですが、ある家を占拠することになっていました。その家は石鹸工場でした。二階建てのその家いっぱい、もう工場のなかいっぱい、天井に届くほど石鹸がピラミッド状に積み上げられていました。それはすごかったです。この家族はどんなに一生懸命それを作っていたのか、食べていくためにどんなにがんばっていたかよくわかりました。その時、その石鹸工場のなかには二小隊がいました。私はそのうちの一隊の一員で、自分の持ち場の窓際に座っていました。その時、退屈しきっていたのか、他の部隊の三、四人の兵士が突然、武器を持ってその石鹸を積み上げたピラミッドを全部壊し始めたのです。

――何のためですか

目的なんてない。ただ面白いからです。彼らにとっては、それは、ただのお楽しみなのです。退屈して疲れ切っていたのです。それが他人の財産なのだと考えを及ぼすこともいっさい止めてしまっていたのです。いつもやっていることだからです。そんなことは、もう何でもないことです。他人の財産だなんて考えることは止めてしまう。そうしないと、いつもいつもそんなふうにぶっ壊したりできませんから。これも、いつもやるべき任務の一つ、いつも爆破し壊している壁の一つ、いつも壊してる窓の一つ、そしていつもメチャクチャにしている戸棚の一つ、いつもぶっ壊してるソファの一つなんです。その石鹸の山(ピラミッド)を全部壊し出したのも、退屈しのぎだったのだと思います。私は自分の持ち場にいて、ただそれを横目で見ていました。何も言わず、口をつぐんでいたのです。そっちに視線を向けず、ただ自分のライフルのスコープを覗いていました。見ないようにするのに必死でした。意識的ではなくても、自分の周りに起こっていることを見たくもなかったし、関わりたくもなかったのです。

――どうしてそんなに疲れきっていたんですか

疲れきってヘトヘトで、もう何も感じる気力もなかった。ただただ、部隊陣地の自分の部屋に帰って眠りたいだけでした。自分の周りで起きていることなんか見たくもなかった。こうやって、いつも目を背け、他の方向を見ているのです。自分の周りにいる人間たちを見ない。他の部屋にいるパレスチナ人の家族のことも見ない。見ることを止める。何も見ない。見なければいけないものしか見ない。そして何も言わない。やっている兵士たちに「止めろ」とも言わない。狂っています。もし普通の生活のなかで誰かがそんなふうに、人の財産をぶっ壊すのを見たりしたら、止めろと言ったでしょうし、警察を呼んだりとか、何かするでしょう。私はそのように育てられましたから。でも、ナブルスでは私は何も言わない。占領地での現実がどれほど退廃しているかを象徴する一例です。そこでは誰もが、その人なりの時間をかけて、その人の程度なりに、みな無感覚になっていくのです。無感覚になるから、パレスチナ人の家に押し入ってすべてをムチャクチャにしてぶっ壊す、そして家のなかにあるものをお土産に持ち帰るために略奪する。またある者は感覚を失っているから、手錠をかけられているパレスチナ人さえ蹴り上げる。無感覚になるから、黙り込んでしまうのです。

――テレビをメチャクチャに壊し、石鹼の山を壊すとき、どういう心境なのですか

私にはよくわかりません。私自身は石鹼の山も壊していないし、そこでは何もひどいことはしていませんから。ただの楽しみのためにそんなことをやったことはありません。占領地にいることが楽しいなんて思わなかったし、そんなことをやることを面白いなんてまったく思わなかったのです。そんなことが嫌でたまらなかったし、自分自身も嫌で仕方がなかったんです。だから他の人がそんなことをするとき、どんな気持ちなのか私にはわかりません。それが嫌で嫌でたまらず、一分一秒も耐えられなかったのですから。あそこで自分がしていることにうんざりしていて、自分も大嫌いで、上官も、もう何もかもが全部嫌だった。パレスチナ人も大嫌いで、あそこで自分が関わらなければならないすべてが、もう嫌で仕方がなかったのです。

――自分のなかで何かが壊れていくのが自分で自覚できるのですか

わかります。

――どうしてそんな状況から逃げようとしなかったのですか

できないからです。そんなふうには考えられないのです。そんな自分の考えにとって代わるもっと大きな思いがあるからです。嫌だなんて言ったらどうなることか。この国を守らなくてはならないのです。

――自分の国を守る？

そうです。上官が私に「我われはこれから、自爆を計画しているテロリストを捕まえるぞ」と言うのです。それに嫌だなんて言えますか？　自分は何かを守っていると感じているのです。それはあらゆる思いが入り混じった感情です。今こんな話をあなたにすることは実に簡単なことです。ここはエルサレムですからね。飲み物もあるし、とても快適です。善悪もすべてはっきりしている。でも占領地では、ものごとは白黒はっきりせず、すべてが曖昧なのです。それについてじっくり考える時間も力もない。今こうやって話していることはすべて、後になってから振り返っていることなのです。それについて、今は自分の考えも持っています。でも、あそこではそんなものはありませんでした。じっくり考え振り返るなんてできない。何か自分よりずっと大きなものの一部に過ぎず、その大きなものに支配され、ただ与えられた任務をやり続けているだけなのです。

繰り返しになりますが、自分は沈黙してしまうのです。家に帰っても、口をつぐむ。軍隊にいるときも、口を閉ざす。友だちに会っても、口を閉ざす。占領地でのことは何も話しません。誰も自分の最悪な面など話したくなんかないのです。誰だって嫌です。自問することさえしません。

ユダの話のなかに、写真展で私たちに「君たちは嘘をついている」と食ってかかってきた二人の青年の話がありましたが、こういう写真展に足を運ぶほどの繊細さを持ったあの二人の青年たちでさえ、見も知らない人たちの前で、自分たちが占領地でやっている事はすべて道徳的なことだと誓っているのです。ありとあらゆる言い訳をして、現実に起こっていることとはまったく違う呼び方をするために、すべての〝言い訳の言葉〟が載った〝辞書〟を用意しているのです。自分たちが実際やっている〝虐待〟とか〝辱め〟をそうは呼ばず、「住民を恐がらせる」とか「銃撃による抑止」といった言い方をするわけです。ほんとうの呼び方以外なら何でもいいのです。〝辞書〟のなかにあるどんな〝言葉〟も使うことができます。どんな呼び名も、自分たちが今やっていることを継続するために、違った名前を与えるためなのですから。それがまさに〝沈黙〟です。それこそが、私たち自身が生み出している〝沈黙〟そのものなのです。

――除隊後、その元兵士たちの道徳心は蘇るものなのですか

決して完全には戻りません。わかって欲しいのは、軍から除隊した者の大半は、このことに触れないということです。そのことに正面から向き合おうとしないのです。どこか心の奥にしまいこんで、棄て去って、それから逃げようとするのです。でもそれはできない。私たちは部分的にはできても、完全には道徳心を回復することはできません。自分がしてきたこと、あの時の自分自身、そしてその目で目撃してきたことから目を背けることはできないのです。好むと好まざるにかかわらず、です。そういうことも自分自身の一部なのです。

元将兵たちも、また社会も、それと向き合わなければなりません。それはもう個々人の問題ではなく、私たちの世代全体の問題です。いやイスラエル社会全体の問題なのです。そして道徳心を部分的にでも回復し、それと向き合うためには、この問題をテーブルの上にきちんと載せ、それについて話をし、隠さずに公にすることです。そうしなければ、私たちはずっとこの現実を否定し続けてしまいます。問題は存在し続けるにもかかわらず、です。

――占領地での暴力に慣れきってしまう体験をした青年たちがイスラエル社会に戻ってきたとき、それが社会の内部に影響を与えると思いませんか

もちろん、どこにでもその影響が出てしまいます。例えば私がインタビューしたある元兵士の証言ですけど、そのなかで彼がこう言うのです。

「平日の水曜日に占領地のトルカレムでＡＰＣ（装甲人員輸送車）を運転してパレスチナ人の車を踏み潰して走っていました。楽しみのためです。車の上を走るというのは面白いものです。その僕が週末、休暇の金曜日にイスラエル内を車で走るとき、通常の運転ができると思いますか。赤信号でちゃんと誰かの後ろにじっと止まって待っていると思いますか。どうしてそんなことをしなければならないだろう」と。

わかってもらいたいのは、占領地で兵士として任務に就いている「アビハイ」という自分と、休暇で帰ってきたときの「アビハイ」は、同じ人間だということです。つまり兵士たちは占領地から、暴力や憎悪、脅える感情、被害妄想などすべてを抱えたまま、イスラエル社会の市民生活に戻ってくるということなのです。

それは公道の運転にも、家庭内暴力にも、バーでの喧嘩沙汰などにも顕著に現われています。あらゆる面に、です。もちろん占領だけが、その原因だと言っているのではありません。もっと他の要素がからんではいます。ただ、占領地で体験した〝退廃〟がその重要な部分を占めていることはたしかです。そういう理由でイスラエル社会は〝病んでいる社会〟だと思います。病んでいるのです。私たちが占領地でやったことはイスラエル社会に影響を及ぼしているかと尋ねられれば、私はそうだと思います。パタンと蓋をしてしまうと、パッと全部がなくなってしまうということはありえないのです。イスラエル社会は、この事実をまだ否定しています。イスラエル人はバブル（泡）のなかにずっと住んでいますが、その泡がはじけて裂けるまでにはもっと時間がかかるでしょう。それは過程なのです。もしそれがイスラエル社会にまったく影響などないと私たちが思えたら、今やっている「沈黙を破る」の活動などやらなかったろうと思います。

――あなた自身はどうですか

家に帰ると、家族にも、友だちにも、ガールフレンドに対しても、すぐに感情的になり、我慢できなくなってしまいました。普通だったら我慢できるようなことでも、すぐにキレてしまう。帰ったら、もうイライラしていて、肉体的にも、感情的にも、精神的にも疲れ、もうヘトヘトの状態なのです。もう何にも考える力なんてない。もうどうでもいいって感じになってしまう。兵士として占領地でそうやって無感情になってやってきたのを、家に帰ってきても普段の生活に持ち込んでしまうのです。他人が何を考え、必要としているのかを感じ取る力が鈍くなっていて、忍耐力がなくなっています。

そう気がつくのには時間がかかりました。占領地にいるときは何も感じず、もう疲れ切って、ただ家に帰って寝たいだけ、もうそれだけでした。その当時の状況を引いてみるようになって初めて、自分が以前と違ってキレやすくて暴力的になっていることに気づいたのです。

でも〝暴力的になる〟というのは、何も「家に帰ったら人を殴りつける」というのではないのです。〝暴力的〟というのは、周りの人、自分が愛している人たちが何を必要としているのかに気づかず、無感覚だったりすることを言っているのです。それも一種の〝暴力〟なのです。

――その無感覚さをどうやって変えようとしたのですか。「沈黙を破る」の活動も、その手段の一つなのですか

それもたしかに一部ですけど、それは「沈黙を破る」を始めた動機ではないし、現在、そのためにこの活動をやっているのではありません。私たちは、イスラエル国民がたった一五分ほどで行き着ける占領地で起こっている現実にきちんと向き合うべきであり、そうしなければならないと思うからやっているのです。もちろん、もっと個人的な理由もあります。現実から常に目を背けるのではなく、そのことを語ることで自分が失ったものを回復しようとしている面もあります。そういう個人的な面が主な動機というわけではないですが、元兵士たちにインタビューするたびに、社会的な動機と同時にこの個人的な面も動機となっていると思います。

――〝普通の人間〟に戻るためですか

自分の周りで起こっていることにもっと注意を払えるようになるためです。私の場合は、主に恋人がとても忍耐強く、私が一歩一歩、再び社会に適応できるようになるために支えてくれました。私が忍耐強くなり、また感じる心を持った人間に戻れるように、大きな助けになってくれたのです。それによって私は占領地での体験を語り始め、その事実に向き合うようになりました。

――なぜ、どのような経緯で「沈黙を破る」の活動に加わったのですか

兵役時代、二、三週間に一度、週末には休暇をもらい家へ帰るのですが、自分がやっていることは話しませんでした。そんなことはできないのです。多分、こういうことが占領地の兵士が経験する一番深刻な問題であり、イスラエルの現実がいかに退廃してしまっているかを示しています。しかもその現実は、私たちがどうしようもないほど大きく強大なもので、跳ね返し打ち砕くなどできません。私自身、このように話せるようになるまで、除隊してから一〇カ月もかかりました。

軍を離れたら、普通の生活ができると思っていました。仕事に就いて、ほとんどの友人たちがやるように海外旅行の準備をするといったふうにです。しかし、何かがひっかかっていました。自分のなかに占領地での体験の記憶が残っていたのです。自分が〝怪物〟だったという記憶です。「自分は元々悪い人間ではなかったのに、占領地ではどうしてああだったのだろう。人間性にあふれた、いい家庭、左派の家庭に育った自分が、どうしてあんなことができたのか」と自問するのです。

除隊して、八カ月ほどしてから、ユダが私たちの共通の友人を通して私に連絡してきました。彼は、

「自分はヘブロンに関する写真展を開き、そこで兵士たちの証言を出す準備をしているグループのメンバーです」と言いました。それで私はそのグループに加わったのです。そこで初めて、自分と同じような体験をした人たちがこんなにいるのだと知りました。自分は狂ってなんかいない。彼らも同じようなことをして、同じように感じていた。彼らは私と同じ体験をしただけではなく、そのことに同じような感情を持っていたのです。

私たちはお互いに語り合いました。そしてこれはヘブロンだけで起こっていることではなく、写真に映っていることだけでもないのだとわかったのです。つまり私たちの世代すべてに共通する話なのだということに気がついたのです。彼らの多くは、元々いい人間なのに、腐りきった狂気の現実、時に犯罪的でさえある現実に放り込まれたのです。ほんの一八か一九歳のときにです。

――でも占領はもう四〇年近く続いています。その間に将兵として占領地に任務に就いた若者たちはたくさんいたはずです。なのに、なぜあなたたちだけが、あえて公にこういう体験を語り始めたのですか。なぜ前の世代の将兵たちは語らなかったのでしょうか

それを語ろうとしたグループもあったと思います。しかしイスラエル国内ではそんな声を聞いてもらうのは難しいのです。それは社会の空気から逸脱した行為であり、例外的なことなのです。

しかも、今回の第二次インティファーダ以後に起こったことは、今までの経験とは違います。これまでより、もっと残忍なものでした。前回のインティファーダは投石があり多くの虐待もありましたが、銃撃戦はなかった。しかし今回は、銃撃、殺戮、破壊、そして住民の生活への日常的な侵攻が続きました。

イスラエル国民にとって一番辛い〝任務〟は、鏡のなかの自分を見つめ、自己批判し、根本的な疑問、つまり「俺たちはほんとうに世界一道徳的な軍隊なのか」という問いを自分自身に投げかけることです。あらゆるイスラエル人にとって、自分たちが成長するときに教え込まれる最も基本的なことは「イスラエル軍は世界で最も道徳規範・倫理観の高い軍隊だ」ということです。そういう背景があるからこそ、〝風船を破裂させる〟こと、つまりタブーを破って語り出すことは、イスラエル社会では、最も微妙な問題に触れることなのです。だからその行動は非常に難しいことなのです。個人としても、また社会の一部としても、誰もそんな〝デリケートな神経〟に触れたくはないし、掘り下げられたくもない、自分自身の内側を引っ掻きたくはないのです。

だから私たちのような行動は、長い過程を通して、やっと起こってくるものです。パッと一瞬に出てきたものではありません。人びとを無理やりその現実に向き合わせる、毎日毎日、朝起きたときから寝るまで、いつもその現実と顔を突き合わせる必要があります。それは長い時間がかかります。そして、それができるのは、あのような過酷なインティファーダを経験した私たちの世代だけだと思います。そんな私たちの世代でさえ、インタビューに答えて証言したのはほんの三〇〇人だけなのです。

でもこれはたいした数です。あなたはたいした数ではないと思うでしょうが、それでも証言する元兵士は例外的なのです。毎年、何万何千の新人兵士が生まれることを考えれば、三〇〇などという数の証言は大海の一滴のようなものです。でも、「だから重要ではない」などと言っているのではありません。それは簡単なことでも、単純なことでもない、ということを言いたいのです。私自身、証言するまでには時間がかかりました。〝沈黙を破る〟ことは、自分の姿を毎日鏡に映して、自分の頭にはえた〝角〟をちゃんと見つめ、自分が〝怪物〟であることを直視することです。でもそれをイスラエル社会全体に求めることは、ほとんど不可能です。

――あなたがその体験を公に語り出したとき、両親や友だち、親戚の人たちの反応はどうでしたか。反対されましたか

どこで発言するかにもよりますが、家族は私の行動をとても支持してくれました。友だちの反応はさまざまでした。支持してくれる者もいれば、そうではない者もいる。これはちょっと複雑な問題です。そもそもイスラエルでは、友人や家族と政治的な見解で対立するというのはごく普通のことです。しかし一方、私と共に兵役に就いていた友人たちのなかには、それを受け入れることがとても難しい者もいました。それでも私たちはこうしてやっています。こんなことをするのは絶対無理っていうほどたいへんでもないのです。誰だって自分の信念や価値観のために多少の犠牲は払うものです。

――あなたたちの証言に対する一般のイスラエル国民の反応はどうですか

これもさまざまです。わかってもらいたいのはイスラエル国民は一枚岩ではないということです。いろいろな層があるし、バックグラウンドもそれぞれ違う。だから反応もさまざまで、なかには衝撃を受け、とても感情的に反応する者もいます。それについてどうするべきか考え始める人もいる。また私たちのことを、世界に向けて〝汚い洗濯物を見せる〟裏切り者とみなす人たちもいます。自分の息子や娘がそんなことをするなんて信じがたくて、私たちの証言を信じられない人たちもいる。一方、「イスラエルが占領地でやっていることは何か間違っている、モラルが完全に崩壊している」ということを最後には理解してくれる人たちもいます。

――タイやインドなどアジア各地にたくさんのイスラエル人が出かけていきますが、兵役を終えたイスラエル人青年の多くが海外へ行くのは、占領地での体験の反動でしょうか。占領地での緊張から解放され、汚れた部分を洗い流したいと思うからですか

その通りです。私の部隊には二〇人ほどいましたが、除隊して半年も経たないうちに半分が、八カ月後には七〇%が、インドや南アメリカへ行きました。なぜかって？　自分が体験してきたあらゆることから逃避しなければならないからです。ドラッグをやったり、数カ月間旅に出たり、何か違ったものを見たりして自分を浄化しなければならないのです。耐えられないのです。何かしないではいられないのです。もちろん、そんなことで占領地での体験から解放されると思うのは幻想です。また同じところに戻ってくるのですから。ただ逃避しているだけです。自分がその一部だったもの、やってきたこと、そして見てきたことの事実から逃げようとしているだけなのです。それはもう理性ではない。「クソッ。俺はまだ二二歳だ。すべて狂っている、こんなところからはおさらばさ」と思うのです。自分を浄化してまったく違う経験をしなければと考え、ある体験からもう一つの極端な体験へと向かうのです。これまでとは対極な世界へ、です。そして彼らの多くは、インドの海岸や、私も知らないようないろいろなところで、ドラッグをやったり、何にもしないでボーっとしている。ただ自分たちが体験してきたことをきれいさっぱりと洗い流したいのです。これは、まさに占領地での体験の〝反動〟の一部です。

――戻ってきた彼らは、行く直前の自分とは変わっているのですか

いいえ。まあ、遠いところに行っていたのだから、ほんの少しは変化はあるでしょうが。でもほんとうに過去を洗い流せたわけではないのです。占領地での体験という事実は厳然として残っているし、自分のかつてやってきた体験には何一つ手をつけていないのですから。繰り返しますが、その旅行は一つの極端からもう一方の極端へ行っただけのことに過ぎないのです。何よりも、自分も加わった最初の体験ときちんと向き合っていないのですから。ただ見る景色が変わったから、ほんの少し自己浄化できただけです。

とくにイスラエル社会にとって、このような旅行が流行《はや》り、私たちが生き続けるための〝酸素吸入〟の役割を果してはいますが、これが結局、現実には私たちがこのクソのような〝占領〟を続けることを支えているのです。三年兵役を務めて除隊し、半年、八カ月と旅をして、必要があると思えば帰国し、大学に入り、家族を持って、予備役の義務を果し、ハイ、それでOKということなる。でも違うのです。それでも、そうやって自分を納得させようとする。しかし自分を浄化するっていうのは、自分のなかのあらゆるクソの置き場所を他のどこかに移すようなものです。しかし他の方法を探し出し、現実を避けようとします。三年間の兵役で毎日やり続けてきたことは自分の一部になってしまい、それが日常の行動パターンの一部になるのです。それは否定できません。

――今、あなたは「沈黙を破る」のグループのメンバーですが、この活動で自分自身はどう変わったと思いますか

まさに私たちがやっているのは、私が今話したような〝沈黙〟の慣例を崩そうとすることです。自分たちの〝沈黙の慣例〟〝沈黙という社会の慣例〟をです。これまで隠していたそれをテーブルの上に置いて、現実に起こっていることを語り始めるのです。実際起こっていることを、ありのままをさらけ出し、社会の公の場にさらすのです。それはイスラエルの社会に対してだけではなく、世界に対しても、です。占領地で起こっていることに責任をとるためにです。それは、私たちが、占領地で何をしたのか、何を目撃したのか、そして何を知っているのかを毎日語り、大声で叫び続けなければ実現できません。それが、道徳について、また社会や人間性についての議論を始めさせる唯一の方法なのです。

（二〇〇五年九月）

アビハイ・シャロン（元兵士）

ノアム・ハユット（元将校）

ノアム・ハユットは、一九八〇年、イスラエル北部の小さな農村で生まれた。父親は農場を経営し、母親は学校教員である。一九九八年に入隊し、四年と八カ月、軍隊生活を送った。二〇〇〇年までは南レバノンで駐留、第二次インティファーダ以後、ガザ地区やヨルダン川西岸で兵役に就いた。通常、兵役は三年だが、将校コースに進み、その後は軍将校を務めた。

偶然、友人を通して、「沈黙を破る」の創設者で、写真展の主催者であるユダの考えと計画を伝え知った。写真展でそのユダに会い、彼の活動を支援し始めた。

このインタビューをした当時、ノアムはベングリオン大学で生物学を学びながら、ツアーガイドの仕事をしていた。

——占領地での体験を教えてください

私が占領地に入ったのは、第二次インティファーダが始まった二〇〇〇年で、ガザ地区に配属されました。当時、そこにはまだユダヤ人入植地がありました。私が〝占領〟とは何かを最初に認識したのは、入植者たちがガザ地区に出入りする道路の安全を確保する任務に就いたときです。パレスチナ人が道路に爆弾を仕掛けるから、私たちはその道路の安全を確保しなければなりませんでした。しかしそれは容易なことではなかった。沿道は果樹園で覆われていたからです。私に与えられた指令は、その果樹園を切り倒し、

ノアム・ハユット

その跡に道路を管理する軍の陣地を設置することでした。軍事的な観点からすれば、それは理にかなったことで、単純なことです。道路の安全確保のために沿道のすべての果樹を切り倒すのだから。イスラエル国民にはこの事実は、「木々を切り倒して、その地域の安全を確保した」と、とても耳障りのいい言葉で伝えられます。しかしそれは現実には、一九歳、二〇歳の若者である兵士たちが果樹園へ行って、パレスチナ人のオリーブの木々を次々と切り倒していくことなのです。

私はその朝の光景を今でも思い出します。軍のブルドーザーがオリーブの木々を全部破壊した後に、八〇歳ほどの老人が五〇代の息子そして孫たちと破壊された畑にやってきました。その前夜にすべてのオリーブの木々が破壊されてしまったことを、この家族はまったく知りませんでした。その老人は破壊されたオリーブ畑を見て、地面にひざまずき、号泣しました。そして泣きながら息子の名前を呼びました。息子は父親をなだめようとしました。現場を目の当たりにした孫たちは、それがどういうことなのかさえ理解できない様子でした。農村出身の私は、それが農民にとってどういうことかよくわかっていました。そのオリーブの木々はその老人の父親か祖父が植えたものなのでしょう。それは単に財産、金を失うことではなく、〝人生〟そのものを失うことだったのです。

イスラエル国民はラジオで「イスラエル軍がガザ地区で入植者の通行する道路の安全を確保した」というニュースを聞くことでしょう。それは理屈にかない、道徳的にも何の問題もないように聞こえます。しかしそれはパレスチナ人の生活を破壊することだったのです。それが、〝占領〟とは何かを私が実感する最初の体験でした。

――泣いている老人を見て、どういう感情を抱きましたか

私はその老人と家族に、「立ち去れ！」と叫びました。それが、軍隊で学んだ唯一のアラビア語でしたから。それで終わりです。その時、私は何も考えなかったと思います。私がやろうとしたことは、何も感じないようにすることでした。そのことを考え出したのは、二、三年前のことです。軍を離れ、「沈黙を破る」に参加し、その活動のなかで体験を語り始めてからです。それは何千という体験のほんの一つに過ぎません。三年間、私はガザ地区とヨルダン川西岸のさまざまな地域で任務に就いていましたから。

――そういう体験のなかで、〝心の痛み〟〝良心の呵責〟を感じることはなかったのですか

私はヨルダン川西岸のカランディア検問所の指揮官でした。ヨルダン川西岸で最も大きな検問所です。毎日二五〇〇人が通過します。仕事に行く者、大学や学校へ向かう者、病院へ行く者、出産しようとする者、葬式に出かける者……、それを我われは一人ひとりチェックし、通過させる者もいれば、通過させない者もいます。上官から指示されたことをただ実行するまでです。

毎日、通行するパレスチナ人を見ながら、彼らが人間らしく生きる権利を持つ同じ人間であることは頭ではわかっていました。しかしその一方で、私の頭のなかには絶えず、「イスラエルを守るんだ」という意識がありました。テロリストが爆弾をイスラエル内へ運び入れようとすることを阻止し、イスラエルの同胞を守るんだという意識です。だから通行人の持ち物や車のなかに爆弾を探すのです。その行為によって、通過するパレスチナ人の心のなかに強い憎しみを生み出していることがわかっていませんでした。私たちが検問所で行う行為が、パレスチナ人の日常生活に苦痛を生み出し、彼らを悲惨な生活に追い込んでいるという現実、その行為がさらに憎しみを増幅し、さらに流血やテロを生み出しているのだという現実に私は気づいていなかったのです。

だからこそ今、私たちはイスラエル国民に、我われが占領地でやっていることはテロの防止につながらないということ、それどころかパレスチナ人の憎しみを増幅しているという現実を「沈黙を破る」の活動で伝えようとしているのです。

――もっと自分自身の体験を話してください。この五年間の軍隊生活でどういう光景が思い浮かんできますか

第二次インティファーダが始まると、オスロ合意によってパレスチナ自治区となっていたヨルダン川西岸のトルカレム市を再占領するために、私たちはその街に侵攻しました。私の部隊はその街の近郊の村に入り、周辺の情報を街の中心部に侵攻する部隊に伝えることが任務でした。私は部隊の防衛のためにパレスチナ人の民家を占拠しました。

――どうやって家を占拠するのですか

私の部隊はある道路の警備を任されました。警備のためにその道路を眼下に見下ろせる場所が必要です。私はそれができる家を探しました。将校である二一歳の私は二〇歳足らずの部下の兵士たちを引き連れていました。周囲を見回して、「この家がいい」と私が決めます。軍事的な見地から防衛に適しているからです。それでその家に行って、家族に一カ月ほどこの家を離れるように告げます。

まずその家のドアをノックします。出てきた家族に「一時間の猶予を与えるから、必要なものはすべて持ってこの家を出ろ。そしてこの家の周りにイスラエル軍のＡＰＣ(装甲人員輸送車)が見えなくなったら、戻ってこい」と命令します。

私はできるだけ丁寧なやり方でやりました。礼儀正しく、叫んだりせず、家のなかの電化製品にも食料にも手をつけませんでした。家主の家族に「何か取り忘れたり、必要なものがあったら、あそこのドアから来なさい。私はあなたの顔を覚えているから」と伝えました。私の「良心」からの行動でした。それは、「自分は良心のある指揮官なのだ」と自分自身を納得させ、快くなるための行為だったのです。部隊のなかにはドアを壊して家のなかに入り、窓も何もかも破壊し、まったく家族のことなど気にかけない者もいます。獰猛な指揮官で、暴力を使って家族を家から外に追い出してしまう者もいるでしょう。しかし、それも私のやり方と変わることはないのです。何も悪いことはしていないのに家を追われる家族にとっては、

兵役時のノアム・ハユット（「沈黙を破る」提供）

「良心のあるやり方」であろうとなかろうと、家から追い出されることに違いはないのです。

パレスチナ人の家を占拠するときのもう一つのやり方は、家族を一つの部屋に押し込めることです。その時は、閉じ込められた家族はトイレや台所に行くときも、一々兵士に許可を得なければならない。私はそういうやり方はやりませんでした。一八歳の兵士が五〇歳ほどの男性や女性にトイレへ行く許可を与える、そういうことは私にはできなかった。だから家から追い出したのです。そのほうが本人たちにはもっと辛いことだったかもしれないが、私にとってはより簡単なことだったのです。家族が苦しんでいるのを、直接見ずに済むからです。

そのトルカレムの家で思い出すシーンがあります。私は部下の身体の大きな兵士をドアの前に立たせました。家族が恐れて、ドアを開けても抵抗しないと思ったからです。最初に家のなかに入ったとき、家族はとても怖がりました。一時間後、家族が必要なものすべてを取り出し家を出ようとするとき、一二歳ほどの少女が泣き出しました。母親はその娘に教科書とノートを持っていくように言うのですが、少女は教科書を持っていきたくなかったのです。「戦争なのにどうして教科書やノートなんか必要なの？　どこへ行くかもわからないのに」と訴えました。そして指揮官である私を見て、「教科書なんかいらないとお母さんに言ってよ」と哀願しました。その時は緊張し混乱した状況でしたが、私はどうしていいかわからず微笑みました。それを見てその少女が泣き止みました。一瞬、みんながどっと笑いました。しかし二〇秒後、私たちはまた現実に戻りました。私は家族に「家を出ていくように」と命じました。

しかし家の占拠が二度、三度と続くうちに、私はもう考えることも、相手のことを気に留めることもなくなりました。手順通り、ただ「家を出ていけ、二、三週間だ。その後に戻ってきていい」とパレスチナ人の家族に言い放つのです。

――家を追われた家族はどこか行くところがあるのだろうか、とは考えないのですか

自分たちで滞在する場所を探せということです。他の家族の家に行くのもよし、親戚の家に行くのもよし、とにかく、そこまで私は指示しません。しかし、「もしこれが自分の両親の家だったら」と考えたら、こんなことはできません。現場では何も考えず、目が覚めたら、出ていって命令を受けて、帰ってきて眠る。こんな生活のなかで何も感じなくなり、考えることを止めてしまうのです。

――パレスチナ人を撃ったことはありますか

あります。最初に撃ったのは第二次インティファーダの初期のころ、エルサレムから遠くないアルハデル町でのことでした。辺りで銃声が聞こえました。まもなく上官が無線機で「撃て！　撃て！」と叫びました。その後、戦車の銃撃音が聞こえました。戦車からあらゆる方向に撃っていたのです。私は上官から兵士たちに撃たせろという命令を受けました。私はそう命じ、私自身も撃ちました。数分間、撃ち続けた部下たちはとても興奮し、その銃撃を楽しんでいました。正直に言えば、銃を持って撃つということは興奮するほど楽しいものです。自分が強くなったように感じます。私が部下に撃てと命じると、部下たちが興奮しているのがその顔つきでわかりました。

その直後、撃った場所に救急車がいるかどうか確かめるように私は部下に命じました。パレスチナ人の誰かが撃たれたのかどうかを確かめるためです。私が小型ラジオにスイッチを入れると、イスラエル軍ラジオ局は「イスラエル軍部隊――それは私の部隊のことです――が、アルハデルでパレスチナ人が銃撃した場所に向かって反撃した」と伝えました。私の両親や友人が家でこのニュースを聞いたら、私が銃撃されたから反撃したのだと信じるでしょう。しかし私は自分がどこへ向かって撃っているのかもわからず、撃っていたのです。「何かおかしい」と今は思えますが、当時はそのことにも気づいていませんでした。

私がラジオをつけたのは、私が銃撃したことで誰かが負傷したり死んだりしていないかどうかを確認するためでした。自分でも、まったく銃撃する理由はなかったことがわかっていました。最初はパレスチナ人の誰かが撃ったかもしれない。しかし誰が、どこへ向けて撃ったのかはわからない。だから私たちはただ撃ち返したのです。結局、この五分間の銃撃によって、誰も殺されたり負傷した者はいませんでした。だから何事も起こらず、すべては順調でした。私は部下の兵士に「よくやった。すべて順調だ」と伝えました。これが最初の銃撃でした。

二度目のときは、たぶん二度ほどは「殺したり、負傷させたのでは」と考えたでしょう。しかし三度目、四度目と回を重ねると、もう考えることも止めてしまいます。もうラジオでチェックすることもしない。それはもう日常の手順となるのです。家を占拠する、銃撃する、検問所で人を止めてチェックする、これらが日常業務になってしまうのです。八時間の任務時間のあと、八時間の休憩、その繰り返しです。八時間の任務時間中に検問所のチェックなどきつい任務に就き、次の八時間で、食べたり寝たり、恋人や家に電話をしたり、すべてやって、そしてまた八時間の任務に戻る。まるで〝機械〟になってしまったようでした。

――二〇〇二年四月、イスラエル軍がジェニンに侵攻したとき、あなたは将校として現場にいたということですが、私も直後に破壊現場を取材しました。その時「なぜイスラエル軍はここまで破壊行為ができるのか」と強い衝撃を受けました。攻撃する側にいたあなたの体験とその時の心境を教えてください

私は軍の指揮官としてあの現場にいました。あなたが訊きたいのは、「どうしてあんなことができるのか」ということですか。

まず第一に、あの「防衛の盾」の作戦の直前の一カ月間は、毎日のようにイスラエルでパレスチナ人による自爆テロが起こっていて、何百人というイスラエル国民が殺され負傷していました。それがすべての正当化になったのです。

第二に、難民キャンプのなかの通りは爆発物であふれていました。通りに出れば、家のなかから撃たれる。そんな状況のなかで移動する方法は、家の壁を破壊して進むことでした。一つの家から次の家の壁を破壊して進む。そのようにして家から家へ移動していったのです。それは軍事的な観点からは、天才的な発想でした。もしアメリカ兵がこの難民キャンプに侵攻していたら、何千人という兵士が殺されていたことでしょう。私たちのような少人数の部隊ではそれが正しい判断だったのです。その時、私たちは「もっとも貧しい住民たちの家をたくさん破壊している」ということを考えるのを止めたのです。

現場で兵士たちがやった行為については、上官も責任があります。それを命じた指揮官も責任を取る必要があると私は考えているし、そう主張しています。

私自身、ジェニンの現場で、私が見ていないところで部下たちが何をしたのかを調べたことがあります。すると、一人の部下が「あなたは無線で、水だけなら住民の家から取ってもいいと言いました。それで私は、雑貨屋から食料もタバコも菓子も、そして金もすべて取りました」と告白しました。その部下はイスラエル北部のキブツ(集団農場)出身者で、いい仕事もあり、素敵な恋人もいた。ものを盗んだことを告白するのは彼にとって簡単なことではなかったはずです。それでも私は何度も彼を尋問しました。

「ただ一つだけ答えろ。難民キャンプの雑貨屋から、どうして食べ物を盗んだりしたんだ？　食べ物を盗むって、どんな気持ちなのか、言え」と私は彼を追及しました。私は上官として彼のやったことに責任があるからです。ただ私は「食べ物を盗むとき、どういう心境だったのか」を訊きたかったのです。彼は黙ったままでした。「答えろ！　その時どういう気持ちだったかを思い出してみろ！」とたたみかけました。するとその部下は私に叫びました。

「何を感じたかって？　俺は何も感じなかったよ。俺は死ぬことが怖いんだ。家に帰りたいんだ。パレスチナ人のことも、あんたの命令もどうでもいいんだ。俺は死にたくない。誰とも関わりたくない。ただ家に帰りたいんだ。怖いし、寒いし、恋人に会いたい。もう二カ月もセックスをしていない。何もどうでもいいんだ。誰のことも知ったことではないんだ！」と。

それは大声で、私を責める叫びでした。この答えこそ私が知りたかったことであり、部下たちの感情を知る視点を私に与えてくれました。それこそが、部下たちが何を考えているかを私が知るためにどうしても必要なことだったのです。部下は私が想定もしていなかった感情を抱いていたのです。

その部下は除隊した今のような状況だったら、他人の食料を盗むなんて馬鹿げたことはしなかったでしょう。その時は軍のブルドーザーがパレスチナ人の商店の壁を破壊したために、なかの食料が目に入り、それを奪った、それだけのことです。それが〝占領〟のなかでの軍隊、兵士の普通の行動なのです。〝占領〟するその軍隊が米軍であろうと、日本軍であろうと、また〝占領地〟が韓国であろうと、ベトナムであろうと、アルジェリアであろうと同じなのです。

――青年がかつて持っていた良心や人間性は何によって破壊されるのですか

まず、〝恐怖〟です。第二次インティファーダの初期のころ、毎日のようにテルアビブやエルサレムのレストランやバスで自爆テロが起こっていました。そのため国民は街の中心に行くことを恐れ、子どもたちを学校へやることさえ怖くなります。そういう体験をすると、恐怖を与えるパレスチナ人に対し「すべてのパレスチナ人は自爆犯だ。奴らは私たちイスラエル人を手当たり次第、殺そうとしている。そのために自分の子どもたちを死に追いやっても気にもかけない連中だ」といったふうに、同じ人間だと見なくなる。つまり〝非人間化〟するのです。実際は大半のパレスチナ人の親たちは自分の子どもたちを学校へ通わせ、普通の生活を送らせたいと願っているのに、その事実を直視しようとはしません。

もう一つは、〝正当化〟です。軍事的な観点からは、オリーブの木を引き抜くことも、家を破壊することもまた他のどの作戦も、兵士やイスラエル市民のセキュリティー（治安・安全保障）のために正当化できるのです。

——占領地での兵士たちの行動は、イスラエル社会にも影響を及ぼすことはありませんか

それこそ私たちがイスラエル社会に向かって訴えていることです。カランディア検問所で毎日二五〇〇人のパレスチナ人の通行をコントロールするとき、街の映画館に並ぶ市民に対するような人間的な扱いができると思いますか。我われは〝占領者〟として振舞います。パレスチナ人住民はその兵士に命ぜられるままに行動せざるをえない。兵士が銃を持っているからです。

毎日、そんな任務に就いている兵士も、一五分も車を運転すれば、占領地との境界を越えてイスラエルへ戻れます。境界を越えた途端に、その兵士はその直前の自分とは違う人間になれるでしょうか。そんなことはできません。戦車やAPCに乗って毎日パレスチナ人の街で住民の車や木々や公園などを踏み潰し、望むものは何でも破壊できる体験をしている兵士が、その直後にテルアビブやエルサレムで、普通の人間のように車を運転するようなことはできません。占領地で毎日行っている暴力の習性、その野蛮で残忍な行動パターンをイスラエル社会に持ち込んでしまうのです。イスラエル内での運転も乱暴になり、話し相手への語り方も粗暴になる。

あそこに二人の国境警備兵が歩いています。たぶん一九、二〇歳でしょう。休暇にはディスコでダンスを楽しんでいるかもしれない。しかし、今彼女たちは通りの隅へ行って、パレスチナ人を捕まえて自分の持っている〝力〟を行使して楽しむのです。二〇歳前の娘たちが、です。それが毎日の生活です。これは〝病んだ社会〟です。家庭内暴力や兵役時代の影響による自殺も増加している。しかしイスラエル社会はそれを隠し、否定するのです。

――それは〝占領〟の影響ですか

占領が大きな影響を与えています。ただそれを証明することはできない。私はイスラエル北部の平和な農村に育ち穏やかな性格でしたが、軍隊生活で自分が変わってしまったことを自覚します。元の自分に戻ろうと努力はしていますが、それは不可能です。私たちがインタビューした三〇〇人の兵士も、占領地での兵役が自分を残忍な性格にしたと証言しています。

〝占領〟の影響は他にもあります。イスラエル人はパレスチナ人を占領することによって、国として存在することの道徳的な〝合法性〟を失いつつあります。また〝占領〟は双方に〝憎しみ〟を生み出しています。兵士たちは占領地で苦しい体験をすることでパレスチナ人を憎み、そしてパレスチナ人は検問所での侮辱、家の破壊、また殺戮などによって私たちイスラエル人を憎む。その憎しみがイスラエル人への「テロ攻撃」という暴力を生み、これがさらにイスラエル軍の暴力に〝合法性〟を与えていく、という悪循環です。

私たちは、兵士の視点、〝占領者〟としての視点から〝占領〟の実態をイスラエル社会に語ろうとしています。〝占領者〟とはどういう者なのか、その後、それが兵士に何をもたらすのか、そしてイスラエル社会にどういう意味があるのか、をです。私たちは自分たちのやったことに責任を取る用意があります。実際、人びとに現実を理解させるために、自分たちの経験を語っています。

――あなたは占領地で起こっていることを一般のイスラエル国民は知らないと言いますが、すべての国民は兵役に就き、占領地の現場で何が起こっているかを知っているのではないですか

そうではないのです。イスラエル人は誰もが軍隊に入りますが、全員が戦闘兵士になるわけではありません。軍隊に入っても、調理担当だったり、運転手だったりで、非戦闘兵士の方が戦闘兵士よりもはるかに多いのです。現地で起こっている事実を知っているのは、その少数の戦闘兵士だけです。

でも一般の国民が占領地の現状を知らない理由の一つは、その戦闘兵士たちが事実をイスラエル社会で語らないためです。兵士が占領地で暴行をはたらいても、ただ自分のなかの隅っこに押しやり、そのことを考えようともしません。実家の母親に電話をして、「僕は検問所で五〇歳ぐらいの女性を侮辱したんだ」「パレスチナ人の家に侵入して、自分の祖母のような年齢の老婆を家から追い出したんだ」といったことを語ったりはしないし、人に電話をして、「君と同じ歳ぐらいの女性の顔を平手で殴ったんだ」などという話をしたりはしません。

次にメディアのニュースです。「イスラエル軍は敵が銃撃した地点に撃ち返した」と伝えられれば、それは理にかなったことで道徳にも反しない。軍隊が当然やるべきことです。しかし実際に撃った自分は、その直前に銃声などまったく聞いておらず、「敵が銃撃した地点」など存在せず、「敵が銃撃した地点に撃ち返した」というニュースは馬鹿げた誤報だということはわかっています。

さらにイスラエルの一般の国民がその事実を知らないだけではなく、知りたがらないことも大きな理由です。イスラエル社会はよく「民主的」だと言われます。新聞は政府も軍隊も批判できるほど言論の自由がある、と。しかし大概のイスラエル人は占領地でパレスチナ人に行われていることなど気にもかけないし、聞いても信じないのです。「彼らはテロリストで、我われの土地を奪おうとしている」「我われの兵士たちは最高で、イスラエルの軍隊は世界で最もモラルが守られている軍隊だ」と言うのです。だから国民はそういう事実については沈黙します。兵士が金を盗んだと言えば、「いやその金は返金されたはずだ」、「若い女性を殴った」という声には、「イスラエル軍について世界に悪い評判を流すためなのだ」と反論するのです。

――それでも四〇年近い占領のなかで戦闘兵士として占領地での兵役を体験したイスラエル人はたくさんいるはずなのに、どうしてイスラエル社会ではその事実が知れ渡らないのですか

なぜ私たちは自分たちのグループを「沈黙を破る」と名づけているのか。これは、自分の顔を鏡に映し出し、それが〝怪物〟の顔だとわかった者たちによって始められた活動だからです。〝怪物〟はその顔を公にしたくない。私にとっても、あなたのところへ来て、「自分は〝怪物〟です」と言うことは容易なことではありません。エルサレムの街で日本人を見つけ、「私は旅行ガイドです。いっしょにコーヒーでも飲みながら話でもして、友だちになろう」と言ったほうが、ここへ来て、「自分は〝怪物〟です」と言うよりずっと楽しいことです。

イスラエル社会で暮す母親は、息子たちはイスラエルを防衛するために兵役に就いていると信じ込んでいます。息子が実際は、そこでひどいことをやっているなんて知りたくもないし、聞きたくもない。誰もそれを知りたくもないのに、新聞はどうしてそんな記事を掲載して売ろうとするでしょうか。政治家はその罪を非難したがらず、その現実について沈黙したいのなら、黙っているだろう。そのように母親も社会も沈黙し続けるのです。この社会で力のある者たちにとって沈黙したほうが得をする。だから沈黙をし続けるのです。

――五年近く軍隊にいて、自分はどう変わったと思いますか

その答えはとても難しいです。ただ多くの兵士たちにインタビューしながらわかることがあります。インタビューの最初のステップは、自分自身が何をしたのかを理解する過程です。私が何度も体験したことですが、兵士に手紙で証言してくれるように説得し、やっと受諾してもらっても、その兵士にとって証言することはとても辛いことです。しかし二、三週間後、その兵士が自分から電話してきて、あれから思い出したことを話したいと言ってくる。二、三カ月後には、また電話をしてきて、さらに思い出した体験を語り出す。自分が否定してきた体験を解き放つためには、長い心理的な過程が必要です。眠れなくなったり、心理的な問題を抱えることもあります。

私自身について言えば、自分が〝機構の一部〟であったことを振り返り直視するのに、とても辛い思いをしました。今「沈黙を破る」の活動をやっていることはその過程の一部でもあるのです。そのために自

分自身が発言し、外に出す。それを理解する。その過ちを認識し語る。その責任を取る。そうすることで私自身を〝治療している〟(cure)のです。しかし自分自身を〝治療する〟だけでは、自分以外、誰の救いにもなりません。それをもっと高いレベルに引き上げていかなければならない。だから私たちはこれを社会のレベルでやろうとしています。つまりイスラエル社会を〝治療しよう〟としているのです。イスラエル社会に占領地での現実を否定せず直視させることによって、です。私たちが〝占領〟という機構の一部であり、それが自己破壊の過程となる、私たちはこれを食い止めるべきだとイスラエル国民に理解させようとしているのです。

――つまり「沈黙を破る」の目的はイスラエル社会を〝治療する〟ことなのですね

そのために私たちの活動には二、三の具体的な目標があります。一つは、占領の現実を否定することを止めさせ、その現実をイスラエル社会に広く伝えることです。〝現実の否定〟には、イスラエル軍の幹部たち、メディア、政治家、イスラエル社会、さらに国際社会にも責任があります。

第二には、歴史的な視点での目標です。現在、私たちは二〇〇〇年秋以降の戦争と占領に関するデータベースを作っている最中です。これまで三〇〇人が各々二、三時間のインタビューに答えました。収録のとき、私たちはその元兵士に、三年間の兵役の体験、つまりその間の人生すべてを語ってくれるように言います。それには何時間もかかります。私たちがどれほど膨大な証言を得たかわかるでしょう。私たちが発行した小冊子やウェブサイトの証言は全体のほんの一〇%から一五%に過ぎず、あとはまだ編集作業の最中です。一〇年、二〇年の時間をかけてできあがるデータベースは、パレスチナ人とイスラエル人の共存のためにきっと役立つと期待しています。人びとはその歴史から学ばなければなりません。〝占領〟のなかで何が行われてきたのか。それを単に〝占領される〟パレスチナ人住民が語る証言だけではなく、〝占領者〟だった現役の兵士が体験としてリアルタイムで語る証言、または兵役を終えたばかりの元兵士の証言を通して見ていく。それこそが双方の〝傷〟を治療するプロセスをより容易にすると思うのです。和平交渉でも、双方が現実と向かい合う必要があります。その時、このデータベースは歴史的な観点から重要になるはずです。

——「沈黙を破る」は日常的にどういう活動をしていますか。またそれはイスラエル社会にどういう影響を与えたと思いますか

主な活動は元将兵たちの証言を集めることです。主要な活動地域はエルサレムやテルアビブですが、インタビューすべき将兵はイスラエル全土にいますから、全国で活動しています。その中心となっているメンバーは二〇人ほどです。集めた証言はコンピューターに入力し、さらに英語など他の言語に翻訳しなければなりません。そのために二〇人以上のボランティアが協力しています。

集めた証言を公表することも活動の一つです。キブツや大学で写真展を開いたり講演したり、またジュネーブやアムステルダムなどヨーロッパで写真展と講演をやりました。

アメリカのユダヤ人社会での講演旅行にも行きました。イスラエル政府や団体に多くの資金援助をし、イスラエルを支援している彼らは、占領地の現場で何が起こっているのかを知る義務があります。彼らは道徳的な面に関してイスラエルの批判もしなければなりません。それは彼らの権利であるだけではなく、義務なのです。

一方私たちは、定期的に「ヘブロン・ツアー」を行っています。二〇〇五年には、五〇〇人の人びとをヘブロンへ案内しました。その多くはイスラエル社会で大きな力を持った人たちです。二、三週間に一度、一、二台のバスでヘブロンへ向かい、そこで現地を歩いて案内しながら解説をします。

ヘブロン市内ではイスラエル人が入れる地域――ヘブロン市のパレスチナ人地区にはイスラエル人は入れません――へ案内し、そこでユダヤ人入植者たちがパレスチナ人の民家にどういう暴行をはたらいているのか、それに対してイスラエル軍や警察は何もしない現実を見せ説明します。またどのように外出禁止令を敷くか、夜中にどうやって住民を逮捕するのか、検問所でどのようにパレスチナ人住民を止めてチェックするのか。また友人の兵士がパレスチナ人に刺し殺された場所を見せ、その周辺地区のパレスチナ人住民を追い出した体験などを語ります。

これらの活動によって、具体的にこれとあれが変わったといったことは言えませんが、私たちの活動と訴えが以前より社会に認識され、受け入れられてきました。状況を変えるには、もっと多くの人びとに現実を知らせる必要があります。占領地の現実を叫び知らせるのです。すぐに状況が変わるわけではありませんが、イスラエルの国会議員に話をし、海外の大使や外交官、海外のメディアに話をします。やれることはすべてやり、自分たちのメッセージを叫び訴えるのです。

私たちは、兵士や将校だったという経歴とその信用を利用しています。誰かが「イスラエル軍将兵はパレスチナ人をからかうために侮辱するような行為はしない」と言えば、占領地で実際に将校だった私は

「自分はやった」と答える。「目的もなく銃撃したりしない」と言えば、「私は手当たり次第に撃った」と証言する。誰も私の証言を否定はできません。戦闘兵士や将校だった私たちが証言することを、誰も否定はできないのです。

イスラエル政府や右派の新聞は、「彼らは左派で、敵のパレスチナ人と共謀している」と非難します。しかし私たちは占領地で実際、兵役に就いた戦闘兵士や将校です。イスラエル社会はそんな我われを尊敬します。私たちはそんな自分たちの〝力〟を利用しています。

——あなたたち「沈黙を破る」の活動に、イスラエルの一般国民からはどういう反応が返ってきますか

さまざまな反応があります。「祖国への裏切り者」と呼ぶ者もいます。時には騒音をたて、狂ったように反発する人、悔し涙を流し立ち去って行き、二度とこのことを考えようともしない者もいます。しかし一方で、「君たちは勇敢だ。イスラエル社会の主流に対抗し叫んでいる。私が二〇年前にやろうとしたが、できなかったことだ」という反応もある。概して、大半の人びとが我われの主張に耳を傾けます。

——元将兵の証言を読み聞いていると、単なるイスラエルの占領の問題ではないような気がしてならないのですが

〝強い社会〟があり、それに隣接して〝弱い社会〟があるとき、イスラエル軍がその力を使ってパレスチナ社会を支配しているようなことが起こります。

この問題は普遍的なものです。日本がかつて中国でやったこと、アメリカがベトナムで行ったこと、さらにフランスがアルジェリアでやった最も残酷な占領の例を挙げ、「我われはそういうことはやらなかった」とイスラエル人は言います。私たちは世界で「最も道徳的な軍隊」であり、現在の占領は「最も道徳的な占領」だと主張するのです。しかし私にはまったく狂っているとしか思えない。まったく現実は反対だからです。

しかしこれは普遍的な問題で、世界のどの社会でも議論されるべきものです。私たちがアメリカで講演を行ったとき、アメリカでは今なおベトナムについて語ることが難しいと聞かされました。その戦闘のシーンが蘇ってくるというのです。映画では「英雄的な戦士」と描かれても、実際、現場にいた元兵士たちは、「自分が怪物だった」と知っている。しかしそれを公に語ることは難しいのです。これは〝強い社会〟が向かい合わなければならない問題です。そのためには、〝強い社会〟は、聞きたくない辛い現実の話を持ち出さなければなりません。何十年か後に、よりよい社会を作るためにです。

（二〇〇六年八月）

ラヘル・ハユット（ノアムの母親）

ノアムの母親、**ラヘル・ハユット**（一九四七年生まれ）はイスラエル北部で、農業を営む夫**ヨシ**（一九四四年生まれ）と小さな農村で暮している。イスラエルの占領に反対し、パレスチナ国家建設を支持する和平推進派である。小学校の教員を定年退職した現在、「マフスーン・ウォッチ」（検問所監視）というグループに参加し、占領地の検問所でのイスラエル兵の暴行を監視・報告する活動を続けている。また、ヨルダン川西岸のパレスチナ人農民の畑でオリーブ収穫のボランティア活動を通して占領地のパレスチナ人との交流を続けている。

――家庭のなかに、以前から〝占領〟に反対する空気があったのですか

私は〝占領〟がよくないことはわかっていましたが、何が実際、自分を悩ましているのかよくわかっていませんでした。イスラエルの多くの家庭がそうであるように、ノアムは強い愛国心と、イスラエル軍を正しいと信じる雰囲気のなかで育ちました。

ノアムが軍隊に入るころは、家族はまだ「イスラエル国民として兵役の義務を果すことに全力を尽くすべきだ」と信じていました。しかしノアムが兵役に就いているときから少しずつ私の疑問は膨らんでいきました。

イスラエル軍への信頼は、二〇〇〇年一〇月以降のパレスチナ人の暗殺作戦以後、色あせていきました。とりわけガザ市のシェハダ地区でハマス武装組織の指導者を暗殺するためにイスラエル空軍が一t爆弾を投下し、多数の周辺住民を殺害した事件と、そのような軍による暗殺作戦に空軍のパイロットが政府に抗議の手紙を出すような事態になった後、軍に対する私たちの見方は大きく変わっていきました。

――兵役中のノアムは占領地での兵役をどう見ていたのでしょうか

当時、ノアムは軍に入隊していて、すでに将校コースを終え、ヨルダン川西岸のカランディア検問所の指揮官になっていました。あのころ、私が占領について批判的なことを言うと、ノアムは「テロの危機にさらされているエルサレムの母親たちのことやエルサレムのことがいつも頭のなかにあるんだ」と答えたものでした。私は、『ハアレツ』(イスラエル国内の有力紙)紙上で占領の実態を伝えるギデオン・レビ記者やアミラ・ハス記者の記事を彼に読んでもらおうと、家の彼の部屋に新聞を残しておきました。するとノアムは「検問所でアミラ・ハスがいろいろ問題を起こす」と任務先から書き送ってきました。イスラエル軍兵士が検問所で好ましくないことをやっていると私はうすうす感じていましたが、それが実際どのようなことなのか知りませんでした。そこで私は、検問所で実際何が起こっているのか、現場へ行ってこの目で観察しようと思い立ちました。そこで「マフスーン・ウォッチ」という検問所での人権侵害を監視し告発する組織にボランティアとして参加したのです。

ノアムの従兄弟である空軍パイロットたちが、軍の将軍たちに抗議の公開書簡を送ったのち、軍の加害について私が考えるだけではなく家族で議論するようになりました。他の者たちとの議論のなかで、多く

パレスチナ人のオリーブ畑で奉仕活動をするラヘル・ハユットとノアム・ハユット

のことがわかってきました。またこの時期、私と友人は兵士の母親たちの運動を始めたいと考えました。「親たちが責任を取る」というグループです。高校を終えたのち、子どもたちに軍隊で何が起こるのかを教えるための活動でした。また軍隊に入隊している息子や娘たちに、自分たちが戦争犯罪の真っ只中にいることを示し、「家に戻っておいで」と促す運動でした。これはノアムがまだ軍隊にいたときのことです。

ノアムは私の活動を知っていました。私は彼に「あなたは自分のやっていることがわかっていないのよ」と言いました。たぶんそのころから、私は占領の実態を理解し始めたのだと思います。一方、ノアムは軍の兵役のなかで「自分はひどい人間でない。もし部下がパレスチナ人を殴ろうとしても、自分は許さない」と言っていました。たぶん実際そうだったろうと思います。しかし同時に、彼が夜、逮捕するためにパレスチナ人の家に侵入するとき、また道路を封鎖するとき、彼は躊躇せず実行したろうし、それを悪いこととも思っていなかったと思います。一方で、捕まえた男を部下たちが殴り始めると、それを許さなかったのです。

――ノアムが「沈黙を破る」の活動を始めたとき、母親としてどういう心境でしたか

ノアムが「沈黙を破る」の活動を始めたのは除隊した後でした。軍隊時代に自分たちが実行してきた軍の命令の不条理さにノアムが気づいたことを私はとても喜びました。

占領地のイスラエル国防軍は〝占領〟とユダヤ人入植者たちのための軍隊であり、ほんのわずか国防の任務を果すだけに過ぎません。そのためにイスラエル社会が実際どれほど崩壊しているのかに目覚めたのですから。私はノアムが「沈黙を破る」で活動し始めたことがとてもうれしかったのです。

兵役中の息子たちは占領地でのことを家に持ち帰ったりはしません。多くの兵士の母親から聞いてそのことはわかっています。占領地でのことは自分のカバンの奥深く、またはバスの座席の下にしまい込んでしまう。思い出したくないのです。除隊しても、自分たちの頭のなかにしまい込みます。そして突然、ディスコや通りの隣の人に対して、その記憶が言動に現われるのです。でも自分たちの親を巻き込むことはほとんどありません。親たちが関わるときは、すでにそれ以上、ぶつける対象がない状況にまで達したときだけです。

ノアムの弟、次男が入隊するとき、その子は私にこう言いました。「僕は母さんの言っていることはすべて聞いてきたし、その内容も理解している。でも僕も友だちたちも軍の兵役に就きます。兵役拒否なんてできない」と。そして次男は入隊し、一年間、ユダヤ人入植地での任務に就いたのち、精神的な苦痛のために健康を維持できなくなりました。次男はパレスチナ人をその土地から追い出すことができませんでした。彼は私たちによくこう言ったのです。「僕は小さいときから、ずっと土地を耕す父さんを見てきた。そんな僕がどうして農民をその土地から追い出すことができるだろうか」

次男は結局、除隊しました。もちろん簡単なことではなかったけれど、とにかく軍隊を出たのです。彼のリハビリには長い時間を必要とはしませんでした。軍隊を出ても、当時の友人たちとの関係は続きました。私はほっとしました。軍隊にいると生命の危険に晒されるからだけではありません。もちろん軍隊で息子たちを失うのは望みません。サマーキャンプにでも送るように息子たちを軍隊に送り出す母親などいないと思います。そんな「英雄」など必要ないのです。

――イスラエル人のなかには、「沈黙を破る」のような活動は国への裏切りと言う者もいますが、母親としてどう思いますか

私は息子を誇りに思っています。他人は言いたいように言えばいいのです。私を挑発するために「アラブ人の恋人」とか、「アラブ人に死を！」とか言う者もいます。息子や私がやっていることは祖国への裏切り行為だとは私は思いません。でも、一般の国民はこんな問題などまったく気にかけません。大多数のイスラエル人は無関心で、それを「裏切り行為だ」とさえ言わないのです。

ノアムは「平和のための戦闘兵士」という組織にも所属しています。また私は「家庭内での活動」という運動をやっています。人びとが私の家にやってきて語り、いろいろな人たちの話を聞く会です。私はその活動を自分たちの村から始めました。招待状とパンフレットを送り、そのなかに「手が血に汚れたイスラエル人とパレスチナ人双方からの参加者」だと説明しました。ノアムや従兄弟で空軍パイロットだったイタマル、また「手が血に汚れた」他の人びとが来ることをその招待状に書きました。

するとそれを受け取った私の友人のなかには、私が自分の息子を「手が血に汚れた」と書いたことに衝撃をうけ激怒した者がいました。自分の息子のことをどうしてそんなふうに書けるのかというのです。私はこう言いました。

「私の息子は〝手を血に汚して〟生きてきました。その事実に息子は何年もきちんと向かい合わなければならない。簡単なことではない。しかし軍隊から戻ってきたあなたたちの息子たちも同じことです」

自分の息子を「殺人者」と呼ぶことは私にとっても辛いことだし、楽しいことではありません。しかし本人たちにとってはもっと辛く困難なことなのです。自分たちが殺した少女の夢に、真夜中、眠りから起こされてしまうのですから。

――占領地にいる若い兵士たちのことを、どういうふうに見ていますか

彼らは獄中につながれていると私は思っています。彼らは自分たちがやっていることを理解できないでいるのです。両親も説明しないし、学校も教えない。大人なのに、子どもたちにきちんと現実を直視させない両親たちに私は怒りを覚えます。私の目にはあの兵士たちがかわいそうな若者たちに見えます。彼らを責められない。しかし怒りを抱きます。すべての状況が私に怒りを抱かせるのです。兵士たちは私たちと話をすることを禁じられています。もしあの兵士たちが私たちに質問してきたら、彼らに説明します。

しかしどうやってあの若者たちに話ができるでしょうか。あの若者たちは「いい兵士でありたい。やるべき義務を果したい」と願っています。私はむしろ大人の社会を非難したいのです。

もし占領地の検問所に息子が立っていたら、私は「ここから立ち去りなさい」と言うでしょう。もし自分の息子たちだったら、家で「あそこから出て行きなさい。すでに何が起こっているかわかったでしょう？　出なさい」と言うでしょうね。

——今参加している「マフスーン・ウォッチ」はどういう組織ですか。なぜそこで活動をしようと思ったのですか

それは、私たちが占領地の検問所へ出向き、イスラエル兵の様子を観察し、それをインターネットで報告する活動です。〝占領に反対する〟という自分の信念を実行する一つの手段と思い、その活動に参加しました。たいして役に立っているとは思いませんが、少しは効果があると思います。占領地のパレスチナ人は、兵士とは違うイスラエル人がいるということを実感できます。軍服を着ないイスラエル人がいて、話ができ、自分たちを恐れないいし、こちらも恐れる必要もない、いっしょに食事をし、訪問しあうこともできる、そんなイスラエル人が存在することをパレスチナ人の大人も子どもも知ることができるのです。これはとても大事なことです。

二〇〇四年、何か行動を起こさなければと決心しました。それができる状況だったのです。子どもたちはもう家を出て、家庭で自分の時間が十分ありました。自分がもっと自由になれる状況が生まれたのです。

夫のヨシは、今私が考えているようなことをずっと考えてはきました。ただそのことを外に向けて語ることはしなかった。一方、彼は兵役の体験を持つすべてのイスラエル人男性と同様、「一人のイスラエル兵」としての意識から自由になれないのです。だから「マフスーン・ウォッチ」には男性のメンバーがいません。男性はそういう活動ができないのです。

ただ最近、夫は少し以前と違う意見を持つようになりました。夫は次男が軍を除隊することに強く反対しましたが、同時に息子をとても誇りに思っています。夫が除隊に反対したのは、それが今後、次男の人生に悪い影響を及ぼすと心配したからです。多くの就職の機会を失ってしまうからです。しかし次男を誇りに思っています。

夫はノアムのやっていることも好ましく思っています。一方で、ノアムの行動にためらいもあります。私のような確信が持てないのです。

私が「ヨシ、私といっしょにユダヤ人入植者たちに抗議するためにヘブロンへ行きましょう」と言うと、自分は行かないと答えます。私が「検問所へ行こう」と言うと、「君が行けばいい。私は仕事があるから」と言うのです。しかし夫は私たちが話をしている内容については理解していますし、私がやっていることを喜んでいます。

夫は〝沈黙の支持〟をしています。声を上げて支持することは難しいのです。彼は左派の立場ですが、私たちほどに〝過激な左派〟ではないのです。

ラヘル・ハユット（ノアムの母親）

ノアムとの関係ですか？　とてもいいですよ。これまでもずっとよかったです。二人の関係にはまったく問題はありません。たとえ問題があったとしても、このことで口論したり、争ったりはしません。私たちの親戚には軍の将校もいますし、兵役に反対する者もいます。

（二〇〇七年一一月）

ドタン・グリーンバルグ(元兵士)

ドタン・グリーンバルグ(一九八二年生まれ)は、ハイファ郊外で生まれ育った。高校でコンピューター科に進んだが、一方で政治活動に強い情熱を持ち、「学生と青年労働者の同盟」の仲間たちと、「ナハル団」(「ナハル」とは「開拓青年の戦闘隊」と呼ばれ、兵役と奉仕活動を連結した部隊だが、その「ナハル」を模した青少年の組織)を結成した。男女約二〇人がメンバーで、一年間、社会のための奉仕活動をする団体だった。ドタンは一年間の奉仕活動後に兵役に召集され、「ナハル団」の経歴によってナハル第五〇旅団に配属された。

ヘブロンでは狙撃兵として任務に就いた。当時、ドタンが狙撃銃のテレスコープにカメラを取り付けて撮った一枚の写真が「沈黙を破る」の写真展で大きな反響を呼んだ(本書カバー写真)。それは民家の屋上に立つ青年の胸部に照準を定めた写真で、狙撃兵がゲーム感覚で民間人を簡単に射殺できる状況を知らしめる衝撃的な映像だった。

――狙撃兵として、人間をテレスコープで捕らえているとき、「引き金を引けば、その相手は死ぬ」と意識しないのですか

兵士は兵役の三年間ずっと銃を所持します。「銃と三年間結婚する」という冗談もあるほどです。どこへ行くにも銃を持ち歩く。三本目の手のようなものです。部隊のなかには訓練としてトイレやシャワール

ドタン・グリーンバルグ

ームまで持参させるところもあります。それは個人専用の〝道具〟となるのです。そして兵士は外の世界を絶えずそのテレスコープを通して見ます。私は兵役時代、そういう生活をしてきました。テレスコープを通して馬やロバを見る。次に武装した青年を見る。一方で、子どもが遊んでいる姿もテレスコープを通して見ているのです。その時は不思議な感覚です。私はどんな女性でも簡単に撃てたのです。

引き金を引くことも簡単です。それが重要なことです。それは本人次第です。我われ兵士にはパレスチナ人の家の屋根にある水タンクを撃つゲームがあります。住民が家庭用に使う水を貯めるあのタンクです。それを撃ち抜くゲームです。なぜそうするかわかりますか。それができるからです。ただ撃てるからやるのです。誰も非難する者はいません。とにかく周囲にあるものはすべて撃てる。銃撃できる雰囲気がそこにはあるのです。状況がとても緊張していた時期でしたから。狙撃兵の自分は陣地につけば、そこからテレスコープであたりを覗き、ただ引き金を引くのです。それができるのです。

――それは「人を撃つ」という感覚が麻痺しているということですか

そうです。狙撃兵は基礎訓練として、標的との距離をどう測るか、また長距離、短距離でどういうふうに撃つのかを学びます。訓練ではダンボールの標的を狙う。それは人間の形をしていて、頭部や心臓部が描かれている。訓練が終わると、兵士は現場で任務に就きます。その時、テレスコープの向こうに見えるのは人間です。それに銃口を向けるのです。相手はまったく罪のない人間であり、それに銃を向けるのは危険なことですが、テレスコープに映る〝像〟が何であるかは無視してしまう。六歳の少年であろうと、老人であろうと、テロリストであろうと、みな同じなのです。それを単なる〝射撃の対象〟〝物体〟と見ているのです。

――三年間の兵役中、どういう心境だったのですか、またそれはどう変化していったのですか

占領地での兵士の心境を一言で言えば、〝恐怖〟です。自分の命の恐怖、そして友人の生命の恐怖です。そしてもう一つ頭のなかにあるのが、自分の使命(ミッション)、〝人間の盾〟となってイスラエル国民を守らなければという〝使命感〟です。ひとたび軍服を着たら、イスラエル国民を守るという使命を果さなければならないのです。

自分の変化は、階段を登るようなもので、その一歩一歩はとても小さなものです。最初は地上から始まり、毎日少しずつ階段を登り、最後つまり三年後には丘の上にいる。そこは最初の一歩の場所からずいぶんとかけ離れていて、自分の精神状態も変わってしまっています。しかしそれに気づかないのです。

今日はパトロールに出て、住民の誰かに銃を向けて脅かす。外出禁止令なのに家に戻ろうとはしないから、多少とも理由はある。その次の日は、次のステップになる。「家に戻ろうとしないから」と、小さな子どもに銃を向けるまでになる。やがて自分が標準を合わせた少年の姿はあまり意識されず不鮮明になり、やがて意識から消え透明な存在になっていく。存在しないわけではなく、ただ透明な存在になるのです。パトロールしているときに、次々と同じような少年と出会うと、やがて撃つことも躊躇しなくなります。これが、占領地の状況に兵士がどう〝適応〟していくかを示しています。住民とその状況が透明な存在になっていくのです。そして、見えるのはただ自分の〝使命〟だけです。

占領地に最初に入ったとき、兵士が老人を殴るのを見て、「何というひどいことだ」と思うけど、時が経つと、そう思わなくなる。同じ行動を多くの人が非理性的だというのに、当時は理にかなったことのように思えるのです。学校の教室で、ある生徒が黄色の肌をしているのに、みんなが黒人だといえば、そうだと信じ始めるようなものです。周囲が皆そういう行動をとれば、非理性的な行動だと思わなくなり、同じ行動をとってしまうのです。

――何があなたに〝沈黙〟を破らせたのですか

イスラエル人は、家の窓から見ることができる〝裏庭〟のように近い占領地で起こっていることを、「ニュース」として見るだけで、現地のパレスチナ人住民と言葉を交わすこともありません。しかし私たちは兵士として〝裏庭〟の占領地に実際に身を置き、そこでパレスチナ人の日常生活を目の当たりにします。それは「ニュース」で見る「現場」とはまったく違います。

ただ兵士たちは〝裏庭〟で実際起こっていることを家族や友人に語ったりはしない。誰もが知っているのに語らないし、時には否定さえする。これが重要な点です。イスラエル内では誰もがその問題に蓋をしてしまう。また占領地の現実に蓋をして受け入れるように教育されます。そして除隊後、イスラエル社会に戻り、占領地の現実を語ると、「いったい何を言っているんだ。馬鹿げた話だ」と人びとは言い放つのです。


私が占領地とりわけヘブロンで兵役の任務に就いたとき、自分がこれまで教育されてきたことは事実ではなかったことを思い知りました。

ヘブロンではユダヤ人入植者の子どもたちが兵士である私の脚元を走り回り、「これからアラブ人を殺すから、僕を止めないで」と言う。それも平然と、です。パレスチナ人住民がイスラエル兵に路上で制止され尋問されること、パレスチナ人の子どもたちが学校からの帰り道、ユダヤ人入植者から投石されることは、ヘブロンでは〝自然なこと〟なのです。入植者がパレスチナ人住民に投石するのに、私たちは被害者である住民に銃口を向ける。帰宅する住民を止め、彼らの家屋に侵入して捜索する。それが、我われが受けた指令です。

私は自問しました。「正気を失った夢想者」であるユダヤ人入植者たちを、どうして自分たちが守らなければならないのか。自分の周囲の両親や教師たちは、占領地のことや入植者たちの問題をとるに足らないこととして片付けてしまっていました。占領地で起こっていることは、これまで私が教育されてきたこととまったく違っていました。パレスチナ人に対する扱い方や、パレスチナ人とユダヤ人の隔離のやり方は、みんなこんな表現を嫌うけど、南アフリカでの黒人と白人の隔離「アパルトヘイト」のようなものです。それが現在、占領地で起こっていることなのです。私は今、こう自問しています。「私の歴史の先生はアパルトヘイトについて教えながら、なぜヘブロンで起こっていることを教えなかったのだろう。これがこの地の現実なのに」と。自分が裏切られてきたように感じます。教師たちは教えもせず、私たちを占領地に送る。教室のなかで「正義」や「人権」について語りながら、その教え子たちを占領地に送るのです。しかも「その責任者は誰か」と指差すこともしない。こういう社会のなかで、その〝感情の重荷〟をどう処理すればいいのか。だから私たちは〝沈黙〟を破ったのです。

私たち「沈黙を破る」のグループが兵士たちの証言集を出版したとき、私はかつての歴史の先生のところへ行ってその冊子を手渡し、「教師であるあなたに学校でこの事実を教えてほしい」と言いました。それは、私がやるべきことだと思いました。〝沈黙の悪循環〟を断ち切りたかったのです。学校の教室やキブツ(集団農場)や町の集会場で人が集まれば、私たちはヘブロンやジェニンやナブルスでイスラエル兵たちがパレスチナ人住民に暴行を加えている現実を伝えます。そうすることで、何かを壊していくことができる、何かが始まる。国民が陥っている〝沈黙のタブー〟を私たちが壊すのです。

イスラエル社会は自分の息子や娘たちを占領地に送るとき、彼らの身を守るために「素晴らしい装備」を与えています。しかし彼らが占領地で自分たちの〝道徳心〟や〝倫理観〟を守るための〝盾〟は与えてはいないのです。私たちは〝道徳心〟を失ってはならない。そのためには、占領地で〝鏡〟に映し出される自分自身の姿を直視しなければなりません。自分たちが平和で、道徳や人権が尊重される社会で暮したければ、私たちは〝鏡〟を見つめなければならないのです。そして他の世界では尊重されている人権や道徳がこの占領地ではどうなっているのか、自分たちイスラエル人は占領地で何をやっているのか、を直視しなければなりません。〝沈黙する大衆〟は「沈黙する」のではなく、「どこか間違っている」と声を上げなければなりません。

――あなたたちの証言へのイスラエル国民の反応はどうですか

自分が暮す社会や国が何か悪いことをしているという事実を認めたくない人たちがいます。彼らにとって自分たちは「正しい人間」であり、パレスチナ人たちは「悪い人間」なのです。彼らは、誰かが「自分たちイスラエル人は間違っている」と言うと、それは違うと否定します。兵士として占領地の現場にいる私たちがパレスチナ人の村が封鎖されるのを目撃して、「何ということだ。村や住民を我われが封鎖している」と言うと、彼らは「でもパレスチナ人たちはテルアビブで自爆テロをやっているんだ」と反発します。その二つの事柄には何も関連もないのに、何とか関連づけてイスラエル軍の行為を正当化しようとします。「イスラエル兵はそんな行為はしたくないけど、戦争の真っ只中にいるんだ。パレスチナ人が我われを殺している。だから自分たちを守るためにやっていることなんだ」と言うのです。実際は、我われイスラエル側がたくさんのパレスチナ人を殺しているにもかかわらず、です。しかし彼らには事実など、どうでもいいのです。

私たちは決して「過激派」ではありません。自分たちの発言のなかで「占領」とか「暴行」とかいう言葉は使いません。そんな言葉を使えば、「左派」「極左」だと思われてしまうからです。「沈黙を破る」の声は、「占領」といった言葉を使わない人びと、「今起こっていることは、単なるアラブ人とイスラエル人の紛争に過ぎない」と考えている人びとにも声が届きます。そのように多くの国民にアプローチするうえで、私たちのやり方は成功していると思います。

——あなたにとって〝平和〟とは何ですか

私にとって〝平和〟とは、自分の車に乗ってパレスチナ人地区のアザリア村に行き、そこで恐れる心配もないこと。またアザリアの村人がテルアビブへ行ってビールを飲み、その夜にアザリアへ問題なく戻ってくる。それが平和です。ここから三〇㎞足らずしか離れていない地域に住んでいる私と同じ二五歳のパレスチナ人の青年も、私とまったく同じことを望んでいると思います。結婚し、金を稼ぎ、死ぬ前に生活を楽しむ、子どもを育てる、それはパレスチナ人もイスラエル人も同じなのです。パレスチナ人も同じ人間なのです。

(二〇〇七年一〇月)

ダニイ・グリーンバルグ、アリザ・グリーンバルグ（ドタンの両親）／ドタンによる反論

ドタンの父親**ダニイ・グリーンバルグ**（一九五一年生まれ）と母親**アリザ**（一九五四年生まれ）は、ハイファ市から数㎞離れた郊外の町で暮している。ダニイは元建設労働者で、かつて第三次中東戦争（一九六七年）や第四次中東戦争（一九七三年）に兵士として参戦した。長男ドタンの「沈黙を破る」の活動には批判的な意見を持つ。アリザは小学校の教員で、ドタンの活動には理解を示しつつも、「兵士の任務」という視点から疑問も払拭できないでいる。

アリザ・グリーンバルグ（母親）

ドタンが兵役に就いたとき、家族にとってとても難しい時期でした。自爆テロが多発する時期にヘブロンでの任務に就いていたからです。この時期、軍にいるドタンと、エルサレムにいる長女モランのどちらを真っ先に心配しなければならないのか、わからなかったのです。自爆テロリストはヘブロン出身者が多く、もしドタンや同僚の兵士たちが、自爆者がヘブロンを出る前に捕まえなければ、モランが暮すエルサレムにやって来ます。二人の親としての私たちのジレンマと辛さはわかっていただけると思います。

ヘブロンでの任務の後、ドタンはベツレヘムに移動しました。彼が困難な任務を遂行していることはわ

ダニイ・グリーンバルグとアリザ・グリーンバルグ

かっていました。私たち家族は家のなかの〝決まり〟を作りました。ドタンが三週間に一度、家に帰って来て、週末のシャバット(安息日)に食卓を囲むとき、任務地で彼の心のなかに起こったものをドタンが吐き出してしまうということでした。ドタンはとても繊細な子だとわかっていましたから。自分の内面に起こっていたことを、ドタンはよく私たちに話してくれました。ドタンの父親もかつてナハル旅団に配属されていて、予備役として何度も兵役に就いていましたから。

私たち両親は、ドタンを質問攻めにしました。しかしそれが十分ではなかったことを思い知ったのは後のことです。占領地で何かが間違っているということに私たちは気がついていませんでした。兵役は辛いものだから、ドタンの父親や母親の私、姉が話しかけたりして彼が感じていることを引き出してやるということが重要でした。しかし後になって、ドタンが自分の内の感情を吐き出していなかったことがわかったのです。

ドタンの兵役が終わりに近づいたころ、「沈黙を破る」の活動が始まりました。その写真展が開かれたとき、突然、私たちは〝別のドタン〟を発見したのです。それは詩を書く、まったく私たちが知らないドタンの一面でした。そのころ、彼はヘブロンとベツレヘムで兵役に就いていて、そこで自分が何を感じたかを詩に書いていました。ドタンは詩を書いたり、「沈黙を破る」の写真展の活動で感情を吐き出していたのです。

写真展の招待状のなかにドタンが書いた詩が載っています。この招待状を見たとき、私は「これは誰が書いたの?」と尋ねました。すると、「ドタンです」という答えが返ってきました。主催者たちはこの詩を読んでほしいと、ギャラリーのオーナーに送りました。そのオーナーは、私にこう言いました。「その詩を読んだとき、この写真展はうちでやるべきだと決めました。その詩が、沈黙したままではいけないのだと教えてくれたのです。だから彼らは、自分たちのグループを『沈黙を破る』と名づけたのです。私たちはこれまでずっと沈黙してきました。しかしもう十分です。もう沈黙はしません」と。

その詩を読んで、私は泣きました。それは受け入れ難いことだったからです。自分の息子がとても苦しい体験をたくさんしていることを私はまったくわかっていなかったのですから。それは私にはとても辛いことでした。そして、写真展の内容に強い衝撃を受けました。

私は、その写真を見て、占領地で自分たちが何をしているのかを語る兵士たちの証言を聞いたとき、ドタンを抱きしめました。そして私は彼にこう尋ねました。「あなたもそんな行為をやったの?」と。住民を殴り、打ちのめすといったおぞましい行為をドタン自身もやったのかどうかをどうしても知りたかったのです。すると、ドタンは「僕自身はやってない。しかし自分はその暴行を見つめながら、その現場にいた」と答えました。

ドタンがこれまで受けた教育によって、「自分自身だけではなく他の者の生命も守るべきだ」という道徳心や倫理観を彼が持っていたことを私は知っていました。しかし占領地での兵役の体験のなかで、その道徳心や倫理観が破壊されてしまったのです。そして、母親でありながら、息子に教えていないような事を息子がやったのではないかと疑い、その真偽を知りたがっている私自身に強い衝撃を受けました。それを実際行った他の兵士たちも、学校で自分が教えた子どもたちだったかもしれないのだから慰めにはならないし、教育者の一人としてそのことに私は悩みます。それでも私は、自分の息子がそんな行為に加わらなかったことにほっとしたんです。家庭で培った倫理観、道徳心が強く彼のなかに根付いていたため、ドタンはそんな行為に加わらなかったのでしょう。そうでなければ、ドタンは人道主義という自分の信条を裏切った後悔と自己嫌悪で、その後の人生を台無しにしてしまったかもしれません。神のおかげで、ドタンは自分の人生を犠牲にせずに済みました。

「沈黙を破る」でのドタンの活動が、外に向かって吐き出さなければならない彼の内部からの表現だということは私もわかっています。ドタンにとって、居間にただ座って、「それがどんなにひどい状況なのか」ということを語るだけでは満足できないのです。私や夫はドタンのやっていることに、また「沈黙を破る」の考え方にすべて同意しているというわけではありません。たしかに、「兵士は祖国を守るためのもので、警察官の仕事をするものではない」というドタンの主張には賛成します。しかし兵士としてやらなければならないこともあります。兵士たちはそうする以外に選択の余地がないのだと私は思います。一方ドタンは、「今や『沈黙を破る』ときが来た。占領地でイスラエル兵がやっているようなことは兵士の本来の役割ではないということをイスラエル国民は理解するべきだ」と考えているのです。

ただ、彼らのやっていることは大切なことだと思います。とにかく私たち両親はドタンを支援しています。全部に賛成できなくても、ドタンの活動を支持はします。青年たちが国のなかで影響力を持つということは重要なことですから。

「沈黙を破る」のメンバーたちは、イスラエルにとって都合の悪いものさえ曝け出しました。今、ドタンが占領地に任務に就いていた兵士たちのインタビューをするとき、その兵士たちが感情を吐き出す助けをしています。ドタンは彼らにとって〝心理療法士〟のようなものです。若い兵士たちを心理的に救うためにできるだけのことをやっているのです。

ダニイ・グリーンバルグ（父親）

私が当惑していること、ドタンに賛同できないことは、兵士として私たちがすべきことがあるという点です。私自身かつて戦闘兵士だった体験から思うことは、兵士は何よりもまず市民を守ることが期待されているということです。「守るべき市民」とはまず「自分のすべての家族」であり、イスラエル人全体です。今起こっていることは、軍隊のなかに時々、ストレスを抱いている兵士がいくらかいるということです。

私がそう確信するようになった実例を挙げましょう。

ヨム・キプール戦争(一九七三年の第四次中東戦争)のとき、私はガザ地区にいました。当時、ガザはとても平穏でした。私たちの部隊は車で巡廻していました。突然、目の前に群集が現われました。子どもや女性などたくさんの住民が集まっていたのです。その住民たちに水を与えようと兵士の一人が水の入った魔法瓶を持って群集のなかに入っていきました。するとその兵士は群衆に囲まれ見えなくなってしまった。そして間もなくすっと群集が引くと、その兵士は倒れていて、すでに死んでいました。刺し殺されたのです。その兵士は住民を助けようとしたのに、殺されたのです。つまりそんな状況が、私たちが「いい兵士」であることを許さないのです。私たちや兵士たちは緊張のなかにいます。兵士たちは一日二四時間、任務に就いています。誰が近寄り襲って来るか予想もできない。「いい兵士」であろうとすると、突然、襲われるのです。だから兵士はあのように振舞うのです。

ドタンは、「兵士が検問所で警備することは、パレスチナ人住民を苦しめることになる」と言います。しかし、そこを通過する者のなかに自爆犯またはそう疑われる者がいれば、通行人をすべて止めなければならないのです。その自爆犯は女性かもしれない。実際、女性が爆弾を運んでいたが、女性に対する検査は許されていなかったため、兵士たちはそれを調べることをしなかったという苦い体験があります。パレスチナ人のなかには、そのことを悪用する者がいるのです。そんな彼らが処罰されることには私は賛成です。ただ住民を苦しめるだけだったら、同意できませんが。

もう一つ例を挙げましょう。数カ月前、パレスチナ人が救急車に爆弾を積んでいました。法律では、救急車のなかを調べるのは許されていない。救急車の通行を許可するしかないのです。でもそれが爆弾を運んでいたらどうしますか。その爆弾で何人が殺されることでしょう。それでいいと思いますか。パレスチナ人は私たちを利用しているのです。これが真実です。

ドタンによる両親への反論

両親は違ったことを語っているように聞こえますが、実は同じことを言っています。つまり、占領地の現実を見ないように〝鉄のカーテン〟を引いています。「沈黙を破る」で私たちが闘っているのは、実はこの両親のようなイスラエル社会の態度や反応なのです。

私が兵士たちにインタビューし、その体験を聞くのは「兵士を窮状から救う〝心理療法士〟のようなものだ」と母は言います。しかし現実は彼らが見ているものとは違うのです。我われが見ている現実は〝兵士が直面する現実〟です。そのような占領地の現実を目の当たりにしている兵士たちには、母が言うような心理療法士など必要はありません。母は「(占領地での兵士たちの任務は)とても大変」と言う。しかし兵士たちにとってそれほど「大変なこと」ではない。これが重要なことです。兵士が占領地で〝怪物〟になるのはとても簡単なことなのです。

一方、五〇歳を超えている私の父は軍隊の体験があり、ガザで兵役に就いたこともあります。一九六七年の「六日戦争」(第三次中東戦争)や一九七三年の「ヨム・キプール戦争」にも参戦しました。しかし当時と現在では〝政治の空気〟が違うし、世代も違います。私の世代のものの見方や視点を父はまったく知らないのです。

その父は、ガザ地区で兵士が住民に水を与えようとして殺された話をします。それはほとんど「物語」です。たしかにそれは実際に起こったことかもしれない。しかし占領地の現実は父が当時見たようなものではない。そこではパレスチナ人に水を与えるような「ジェスチャー」など必要ないし、我われはそんな見せかけの行為はしません。

〝占領者〟としての日常任務のなかで、自分が暴力的になっていくのを目の当たりにしました。自分が他の人間に対して注意を払わなくなっていき、パレスチナ人が〝同じ人間〟であることを忘れていくのです。それこそが問題なのです。

一九七三年のヨム・キプール戦争のときにゴラン高原で戦った当時のイスラエル兵と、占領地にいた我われとは同じ状況だと父は思っています。父がガザ地区での体験を語るとき、イスラエルとエジプトが戦争し、ガザ地区がその戦火のなかにあった当時の状況を語ります。しかし私たちが語っているのは〝占領〟なのです。それはまったく違います。私は〝戦争〟をしていたのではなく占領地で〝占領者〟だったのです。イスラエル政府は占領し続けています。しかも占領しているのは〝土地〟ではなく、〝民衆〟なのです。そこが重要な点です。父はそのことを見ようとはしない。両親は私に「なぜ、そんなふうに住民の移動を遅らせたりできるのか」と訊く。彼らはなぜこんな愚かなことをやっているのかを把握していないのです。休暇で帰った家での食卓でも、私がどう感じているのかということを、彼らは受け止めることができません。感覚が麻痺しているからです。

休暇で帰った実家での食卓で、「僕は検問所でパレスチナ人の車の鍵を没収し、任務が終わる時間まで彼らを待たせたよ。彼らに『鍵を返して欲しい』と哀願させたくてね」なんて話したりはしません。それは両親など家族が使う〝辞書〟のなかにもないし、彼らにとって、それは存在しないことなのです。その言葉の意味を知らない者に〝彼らにとって存在しないこと〟についてどう語ればいいのでしょうか。多くの兵士たちがこのような心情を共有していると思います。家に帰ったら、まったく違った言葉を受け入れ、それに適応しなければいけないのです。

私たちは「占領地にはユダヤ人だけの道路が存在する」ことを語ったりはできません。そうすれば、突然、父がそうしているように、すべてが正当化される運命にあるからです。「パレスチナ人は禁止、ユダヤ人だけの道路」があることは、間違っている。しかしイスラエル社会の人びとは、「今も続く〝戦争〟のなかにいるのだから仕方がない」と考えたがるのです。しかし「テロ」は決してイスラエルの存在を脅かすものではありません。しかし人びとは「緊急事態」の雰囲気を作りたがる。「〝戦争〟のときは、テロリストがイスラエル内に侵入してくるのを防ぐためにどんな手段でも取れる」と彼らは言います。しかしそれは、「占領地で自分の好きなことを何でも自由にやれる」ということではありません。私たちは占領地で「テロを防いでいる」と思っている。しかし同時に、別の深刻なこと、つまりパレスチナ人の家を破壊し、住民に暴行するなど、決して必要なことでもないことをやっています。住民に我われのことを恐れさせるためです。それが〝占領する〟ということです。そしてそのすべてが「テロリストを食い止めるため」と正当化されるのです。

私はそれと闘っているのです。私は家を破壊した、住民に暴行を振るった、自分はこれとこれと、これをやった、それを知ってほしい。


私自身、占領地の状況に感覚が麻痺していました。軍隊を除隊し、現地から離れてやっと私は、〝政治〟というものがわかってきました。私たちが巻き込まれてきた〝占領〟という状況を生み出している〝政治〟というものが、です。誰かが、私たちの後ろで糸を引いているのです。

イスラエル軍という体制が、ある司令官を占領地の検問所に送る。軍はその司令官が暴力的な人間だということをわかっている。しかし軍は逆に「彼はいい仕事をしている」とみなす。でも「いい仕事」とはどういうことかというと、「暴力的」であることです。軍という体制にとって、「いい仕事」とはパレスチナ人住民を厳しく支配すること、住民に支配者は誰なのかを思い知らせることなのです。そのようなシステムが機能することこそ、イスラエル社会が望んでいることなのです。社会は私たちに「自分たちは加害者なのに、被害者面《ひがいしゃづら》をする」ことを望んでいます。占領地では兵士として住民を撃ち、家に帰ると、それを哀れんで泣く――そんなことはありえません。なぜならイスラエル社会全体が占領地で任務にいる兵士たちを支えているのですから。

「このような状況のなかでは心理療法士が必要だ」と言うのは、「イスラエル内は平穏な状況なのに、占領地でそういう任務を果しているあなたたち兵士のことを考えると、とても辛い」と言うようなものです。

違うのです。あなた方自身を〝鏡〟に映し出し、見つめなければいけない。あなた方は自分自身のあり方を心配をしなければならないのです。なぜなら私たちは、あなたたちイスラエル国民によって送られた〝兵士〟なのです。単なる息子ではなく、〝あなた方が送った兵士〟です。あなた方が〝敵〟だとみなすパレスチナ人に対する、あなたたちの〝拳〟なのです。イスラエル政府の〝拳〟なのです。これが重要な点です。

私たちは、あなたたちイスラエル人の名においてやったことを知ってほしいのです。あなた方が私を占領地へ送ったのです。これがあなた方のいう「戦争」の実態なのです。たしかにテロはある。それは認めても、パレスチナ人住民とその土地を〝占領〟することによって、我われはありとあらゆる行動を取っているのです。そのことをイスラエル国民は理解しなければなりません。イスラエル国民は「この『戦争』に勝てるのか」と冷静に考えてみる必要があります。「我われイスラエル人は、この〝占領〟を続けるつもりなのか。それは正しいことなのか」という疑問は、これまで一度もイスラエル国民の前に提示されてこなかったのです。

（二〇〇七年一〇月）

ラミ・エルハナン（「沈黙を破る」顧問）

ラミ・エルハナン（一九四九年生まれ）は、エルサレム在住のグラフィック・デザイナー。「沈黙を破る」の顧問として、その活動の支援・アドバイスをしている。

エルハナンは一九九七年の九月四日、エルサレムの中心街で、一四歳の娘をパレスチナ人の自爆テロで失った。その後、イスラエル軍に子どもを殺されたパレスチナ人遺族とパレスチナ人に子どもを殺されたイスラエル人遺族の平和運動組織「遺族の会」のメンバーとして、集会や学校などでの講演活動を通して平和運動を続けている。

エルハナンの義父**マティ・ペレド**（一九二三―九五）は、第三次中東戦争でイスラエルを勝利に導いた将軍の一人。一九七三年の第四次中東戦争の直後、「イスラエルとパレスチナの二国家案」の必要を説いた最初のイスラエル人の一人となった。またペレドは一九八二年の第一次レバノン戦争中に、ウリ・アブネリらと、イスラエル軍に包囲されたベイルートでPLOのアラファト議長と会談、国内で「反逆者」と非難されながらも、パレスチナ人との平和共存を訴え続けた。

――どのような理由で「沈黙を破る」のグループを支持するようになったのですか

第一に、〝沈黙〟を破ろうとした青年たちに心から敬意を抱いたからです。イスラエル国民の大半は、占領地での現実を知ろうともせず、聞こうともしないからです。〝鏡〟に映る醜い自分たちの姿を見ようとはしなかったのです。私が彼らの行動を賞賛する理由は、彼らが、占領の高い〝代価〟にイスラエル人自身が注意を払わざるをえないようにしたからです。それは三五〇万人もの住民を統治・抑圧し、占領して、民主的な権利をまったく与えないことの〝代価〟です。その〝代価〟はあまりにも重すぎました。

私の言う〝代価〟とは、〝道徳的な代価〟です。また、兵役を終えたイスラエルで最高レベルの青年たちが、占領地で行った自分のおぞましい行動のために精神的に困惑・混乱し、海外に飛び出したまま帰ってこない。イスラエルという国の存在にとって、非常に危険なことです。「沈黙を破る」のグループの青年たちがやっている活動はとても勇気ある行動で、その証言は、分離壁の向こう側にある暗黒時代のような占領地で何が起こっているかを伝えることで、あらゆるイスラエル人に衝撃を与えています。

彼ら自身は、イスラエル社会のバックボーンであるイスラエル軍将兵たちです。兵役を果したその将兵たちが敢えて口を開き、自分たちがやってきた事実を語り始めたのです。これはとても重要なことです。だからこそイスラエル国民は彼らの声を無視できなかったのです。彼らの行動は、国民の「知らないがゆえに心地よい」という状態を妨げています。

——これまで占領四〇年間に「沈黙を破る」のような告発はなかったのですか

もちろん、これまでも将兵たちが立ち上がり、声を上げてきました。それが「占領はもうたくさんだ」という社会の空気を生み出したのだと思います。しかしそれは「岩に穴を穿《うが》つ水滴」だったのです。一方で、この国の体制は、占領に反対する声を封じてきました。それでも長い年月を経て、これらの声が徐々に大きくなってきました。今ではその声を無視できなくなっています。それが「沈黙を破る」の重要な点

ラミ・エルハナン

です。事実を語り公にすることが難しかった長い年月の後、やっと人びとがその声を聞き始めたのです。そして進むべき方向へ〝一インチ〟だけ進んだのです。
　その影響は水滴が岩に穴を穿つように、とてもゆっくりしたものです。長い時間がかかるため、忍耐力がなければ成功しません。イスラエル社会は、たいへんゆっくりとしか動かないのですが、影響を受けていることは間違いありません。今日のイスラエル首相の発言内容と、一〇年前の首相発言とを比べてみるとよくわかります。僅かずつですが確実に変化しているのです。

――「沈黙を破る」はこれまでの平和運動とどこが違うと思いますか

　これまでの運動と違う点は、このメンバーの青年たちが実際、占領地で兵役の任務に就いていたということです。その証言は彼ら自身が自ら行ったことであり、国民には恐ろしい証言だったのです。彼らが「兵役拒否者」ではないことも重要です。イスラエル社会に背を向けた連中ではなく、社会のバックボーンである普通の将兵だったのです。だから国民は「左派の連中だから」と無視することもできないし、その証言が国民を恐怖させたのです。

――つまり彼らはイスラエル社会の〝主流派〟に属する青年たちだということですか

まったくその通りです。愛国的な戦闘兵士たちです。だからこそ彼らの存在と声を無視できず、耳を傾けざるをえないのです。アリエル・シャロンがこれまでの政治的な方針と計画を変更し、ガザ地区からの撤退を言い出したのは、主流派である「沈黙を破る」メンバーによる運動や、社会の最高レベルの青年たちである空軍パイロットらによる抗議などの動きによって、シャロンがイスラエル社会の動揺を見てとったからです。

――これから「沈黙を破る」の活動がさらに社会へ影響を与えていくために、メンバーの青年たちは何をすべきでしょうか

メディアの問題点は、最初に注目して大ニュースにした後はほとんど関心を持たなくなることです。そのメディアに影響を受ける一般国民もそうです。「沈黙を破る」のメンバーにとって重要なことは、他の多くの元将兵たちが事実とその視点を語り出すための〝機会と場所を作る〟ことです。さらに彼らの証言をすべてを収集しまとめるルートを作ることです。占領地のヨルダン川西岸では、毎日昼夜を問わずイスラエル兵による住民への暴行、抑圧が行われています。そのことを嘆き厭わしく思っている兵士たちがいるのです。彼らには、自分たちの声を聞き受け止めてくれる〝耳〟が必要です。それが最も重要な活動です。人びとはその証言を見つけ聞きたいのです。その証言の結果を知りたいのです。そんな人たちにとって、「沈黙を破る」の活動は〝道しるべ〟です。

私は「沈黙を破る」がそれ以上のことができるとは期待していません。イスラエルの政治体制を覆すような大変動をもたらしうるとは思いません。ただ平和運動体として、そのような重要な役割を果していま す。今占領地で起こっている、あまりにもひどい現実にイスラエル社会が〝気持ち穏やか〟でいられないようにするために、つまりイスラエル社会を眠らせないようにする活動です。

――〝機会と場所を作る〟とは具体的にはどうすることですか

人びとが声を上げることを勇気づけること、国民がその声を聞くように場を作っていくことです。これはとても重要なことです。兵役の任務地から休暇で帰ってきて、週末の金曜日の夜、友人と会う。そんなとき、占領地で自分がやっているひどい行為は話題にはならない。話題になるのは「英雄行為」です。兵士は自分の内部の感情を隠しがちです。自分が臆病者とみなされることが怖いからです。しかし、もしこの恐ろしい話を誰かが聞いてくれると感じることができたら、彼らは語り始めます。重要なことは、青年たちにそれを内部に閉じ込めさせないことです。話をさせるのです。

――「沈黙を破る」のあるメンバーの父親が、「イスラエル軍兵士の占領地での行動を糾弾することよりも、まずテロを防ぐことが最優先されるべきだ」と「沈黙を破る」の活動を批判しました。イスラエル国内にはそういう意見は少なくないと思いますが、どう思いますか

そういう声はまったく理解できるものです。しかし私は、それに対して簡単な言葉でこう反論します。「パレスチナ人の独立国家なしにイスラエルのセキュリティー(治安・安全保障)はない」ということ、そして「イスラエルのセキュリティーなしには、どんなパレスチナ国家もできない」ということです。その二つは切り離せないのです。イスラエル国民が理解できないでいることは、占領地の三五〇万人のパレスチナ人を抑圧し、片隅に追いやり、どんどん押し込んでいけば、彼らは噛み返すということです。それは世界中のどの歴史にも共通する普遍的な事実です。そんな彼らを「テロリスト」と呼ぶ人もいれば、「自由の戦士」と呼ぶ人もいる。どんな名前で呼んでもいいのです。しかし、それが現実なのです。

それに対して二つの対応があります。一つはそれと闘うこと。相手を殺しに殺し、そして相手もこちらを殺しに殺す。もう一つの対応は、相手の話を聞き、こちらも主張する。そして相互が理解できる方法を見出す。それは「完全な正義」ではないかもしれません。しかし「完全な正義」などありえないのです。もし自分に〝失うもの〟があれば、人間は自爆などしないということです。

彼らは「テロリスト」かもしれない。同感です、テロリストが私の娘を殺したのですから。ではそのテロリストにどう対応するのか。テロリストを完全に消滅できたという実例があるのなら、一つでも見せてほしい。彼らの自由への願いを消滅できたという実例を、です。パレスチナ人住民たちが喜んで占領を受け入れているという実例を見せてほしい。そんなテロリストとどう闘うのですか。どうすることが〝賢い〟闘い方なのでしょうか。すべての争いの解決には、結局、話し合うしかないのです。ハマスであろうと、PLOであろうと、敵と話し合いをするしかないのです。

イスラエル・パレスチナ問題の解決には二つの選択肢があります。一つはパレスチナ人が独立国家を持ち、彼らが自由に生きることです。もう一つは、一つの国家にイスラエル人とパレスチナ人が同等の権利と自由を持って生きることです。後者の選択肢も、私に関する限り何の問題もありません。しかし大半のユダヤ人はそんなことは夢にも思わないでしょう。〝シオニズム〟は世界のユダヤ人のためにユダヤ人国家を造ることだからです。もしパレスチナ人に平等の権利を与え、一つの国で暮すことを望まないのなら、世界中のあらゆる国の国民のように、パレスチナ人に自分たちの国を造る自由を与えるべきです。その両方を拒否して問題の解決はありえません。それは不可能です。

パレスチナ人側には誰も交渉する相手はいないというのですか。それは嘘です。過去七年間でイスラエルの政策にとって一番都合がいいのは、「交渉相手がいない」というスローガンでした。そう宣言していれば、イスラエル側は何も交渉する必要はないし、何も諦める必要がなくなります。しかしパレスチナ人側に話し合う相手はたくさんいます。それは事実です。もし相手に正しいものを与える用意があれば、話し合うべき相手はもっと増えます。

私が高校で講演した後、ある生徒が私に「じゃあ、パレスチナ人が望むものを与えれば、すべてが解決するんですか」と尋ねました。私はそう約束はできません。ただ、医者のところに行き、「私は脚に癌ができています。もし脚を切断すれば、助かりますか」と訊くと、医者は「それは保障できません。しかしもし脚を切らなければ、あなたは死んでしまいます」と答えるでしょう。同じように、もし我われが〝占領〟というこの異常な状況に終止符を打たないと、我われは生き残ることができないのです。

(二〇〇七年一〇月)

Ⅲ　旧日本軍将兵とイスラエル軍将兵
── 精神科医・野田正彰氏の分析から

検問所でのイスラエル兵とパレスチナ人

元イスラエル軍将兵たちは、占領地での兵役のなかで自己の暴力性や感情の麻痺や鈍麻に気づき、自己と社会の崩壊の危機を実感してその加害を自ら告白し始めた。その証言を集めながら、私は、「これは遠いイスラエルの問題ではない」と思った。〝他人事〟として見過ごすには、私たち日本人は同じようにあまりにも重大な加害の歴史を背負い続けているからである。しかも六〇年以上経った今なお、きちんと直視することも清算することもしないままに。「沈黙を破る」イスラエル軍将兵たちの証言は私たちにとってむしろ、自らの姿をそれに照射し、私たちに日本人の加害の過去とその意味を問い直す〝鏡〟ではないかと私は考えた。

その時、私は、かつて衝撃を受けた一冊の本を思い起こした。精神科医、野田正彰著『戦争と罪責』(岩波書店、一九九八年)である。かつて中国大陸で残虐な殺戮と暴行を繰り返してきた旧日本軍将兵たちへの綿密なインタビューとその分析によって、彼らがその加害に覚醒していくプロセス、また覚醒しえなかった背景を詳細に描いた名著である。

たしかに日中戦争時代の日本軍将兵と、現在のパレスチナ占領地のイスラエル軍将兵とはその歴史・文化の背景はまったく異なる。だが、侵略した占領地での両国の将兵たちの精神状態や行動パターンに普遍的な共通点がありはしないか。違うとすれば、何がその背景にあるのか。私はその問いを著者の野田正彰氏に直接、投げかけてみようと考えた。

私は本文中に登場する三人の元イスラエル軍将兵の証言の草稿を野田氏に送って読んでもらい、両者の共通点、相違点についての分析をお願いした。

イスラエル軍将兵と旧日本軍将兵の置かれた環境の違い

「殺人がゲーム化されている」。「沈黙を破る」の元イスラエル軍将兵の証言草稿を読んだ野田氏は、真っ先にそう指摘した。イスラエル軍将兵のように占領地でのある期間の兵役の後、休暇で実家のあるイスラエル社会に戻り、また占領地へ、という形態は、旧日本軍将兵たちのように、いったん戦場へ向かったらいつ帰れるかわからない、または生きて帰れない可能性の高いケースとはまったく状況が違う。むしろベトナム戦争時代のアメリカ兵が置かれた状況に類似しているという。

ベトナム戦争は、アメリカ兵たちにとって「三六五日戦争」だった。「どのような過酷な状況下でも、終結の日程を設定すると人間は耐えられる」という精神医学的な見地から、帰還できる日が決められていた。それはイスラエル兵が三年で兵役を終えられると期限が定められているのと共通している。またアメリカ兵の場合、三六五日以内でも時々、戦場からヘリコプターでサイゴンやフエなど都市へ戻され、そこで酒やセックスに浸り、街や海岸で遊びくつろぐこともできた。つまり「擬似的な市民生活」に戻れるのだ。このシステムは、兵士たちを地獄のような戦場の状況にも耐えさえ、神経症を減少させるのにある程度成功したといわれる。しかしその後再び戦場へ戻ると、人殺しと暴行の生活が続く。その二つの世界を行き来するうちに戦場での現実感が希薄になっていく。そのような状況のなかで「殺人のゲーム化」が進行していった。

野田氏はイスラエル軍将兵たちにそのアメリカ兵との類似性を見る。休暇になれば占領地から家庭生活に戻る。そのたびにパチ、パチと生活の〝コードスイッチ〟をする。そんな生活のなかで兵士たちは自分の行動の現実感を失っていく。また、頻繁に自分を切り替える、統一されない自己に悩み苦しむ。そして占領地では「殺人のゲーム化」が進行していく。

一方、旧日本軍将兵は、いつ帰れるのかという見込みもなく、生きて帰れない可能性が高かった、いわば「死ぬしかないという軍隊」だった。そのような状況が「生きて帰れないのだから、何をしてもいい」という自暴自棄の行動に旧日本軍将兵たちを駆り立てたと野田氏は言う。また「恐怖の裏返し」として、「これ以上、しんどい思いをするより、死んだほうがいい」と、「玉砕」「集団自決」へ向かう。それは、将兵たちの士気を維持するために「捕らえられた自国兵士はどんなことがあっても救出する」という不文律があるイスラエルとはまったく対照的である。この違いは、戦場または占領地でのイスラエル軍将兵と旧日本軍将兵たちとの行動パターンの相違を決定づける大きな要因の一つとなっているという。

その祖国と戦場または占領地との〝距離〟も大きな要因となっていると思われる。イスラエル軍将兵の場合、占領地は祖国と隣接し、休暇になれば、車で一時間足らずで実家での日常生活に戻ることもできる。一方、旧日本軍将兵たちの場合、祖国は船で何日もかかる距離にあり、その距離感が「生きては帰れな

検問所でタクシーを止めるイスラエル兵

い」という思いをいっそう強くしていたに違いない。

パワーの快感

元イスラエル軍将校**ユダ・シャウール**は、占領地での兵役のなかで、どう考えても正当化できない殺戮や暴力を行う自分自身が怖くなると同時に、邪悪な行為に慣れることによって、それを「楽しい」と感じるようになっていく体験をこう告白している。

「悪党になるのに慣れきってしまうのです。しかもだんだんそういうことが楽しくさえなってくる。一般市民の生活を支配する〝権力〟を持っていることが楽しいのです。その〝権力〟を楽しむのです。

銃を持っているし、小隊の二、三人か四人くらいの仲間や同僚といっしょにパトロールしたり検問所にいる。どこにいようと指一本で思いのまま。どんな車も、進め、とか走れ、右だ、左だ、出て行け、ＩＤ（身分証明書）を見せろ、とか、一八歳の若者が自分の父、母、祖父、祖母くらい年上の人に指図するわけですから。ある時点までくると、それが快感になってきて、その中毒みたいになってしまう。自分が存在するために、それがなくてはならないものになってしまうのです」

このような将兵たちの心理を野田氏は「パワーの快感」と表現した。装甲車でパレスチナ人の車を潰していくというゲーム感覚、また、両親ほどの年配のパレスチナ人を武器の力にまかせて顎で使うような傲慢な行動に、その「パワーの快感」を見て取れるというのだ。

そのイスラエル軍将兵の「快感」には「自分はテロリストから祖国を守るためにやっている」という「使命を果している満足感」が入り混じっているのではないかと私は推測したが、野田氏は「使命を十分遂行しているという『快感』はあまり感じ取れない」と言う。

むしろイスラエル軍将兵たちに感じるのは〝ホロコースト・コンプレックス〟だと野田氏は説明する。ヨーロッパ社会に受け入れられず、しかも自分の国がないために、政治条件の変化次第で簡単に殺されるというナチズムの体験が、〝精神に焼き付けられた、理屈抜きの信念〟(コンプレックス)になっている。その後、アラブ諸国の〝大海〟のなかにイスラエルという国を建国したが、ちょっとでも気を抜いたら消されるという思いはイスラエル社会に浸透している。その意識が薄れつつある若者たちを国家は必死になって教育している構図があるのではないかという。

一方で野田氏が注目するのが、「正当化」の破綻だ。「自分たちユダヤ人は、追い出された人間で、他の民族以上に犠牲を払ってきた、だから生きる権利があるんだ。こうやって生きていくのは正義なんだ」と

抗議デモ参加者に暴行を加えるイスラエル兵

いう言い訳である。しかしイスラエル軍将兵たちはこの情報化社会のなかで、そのような国家レベルで言われている「表向きの正当化」では〝個〟として自分自身を正当化できなくなっていると野田氏は指摘する。その結果が「沈黙を破る」ことだったのではないかと言うのである。

では旧日本軍将兵の場合はどうか。野田氏は、旧日本軍将兵には個人の「パワーの快感」だけではなく、「あいつら中国人は劣っている。我われ大和民族は優れている」という、他国の例よりはるかに強い〝民族的な優越意識〟からくる「快感」があったと指摘する。それが「自分はひどいことをしている」という意識を奪っていたというのだ。またこれが〝二重の意識〟につながっていく。例えば、「軍規に照らしたらレイプはいけない」「日本の本国に帰ったらレイプはいけない」という判断や意識がある一方で、片方では、「あいつらは劣った人間だ。だから何をしてもいいんだ」という意識、「今やっているレイプは日本で行われるものとは違うんだ」という感覚が、本人は明確に認識しなくても旧日本軍将兵たちにはあったと言う。だからこそ、帰国後、「元従軍慰安婦」に対しても罪悪感を抱いていないというのだ。

では、パレスチナ人に対するイスラエル人の差別意識とはどう違うのか。野田氏はこう指摘する。「差別意識を量的に測るのは難しい。ただ、日本人は個々人が差別意識を持っているだけでなく、体制的にそれを煽り、組織化している点が大きく異なる。つまりアジアに対する差別意識は、福沢諭吉に象徴されるような『知的エリート』たちが持つ差別感が、組織化され教育のなかに浸透させていった」という。その体制の差別意識は、当時の日本政府や軍の文書のなかに顕著に現われている。例えば、「中国軍の兵士たちは戸籍もなく、駆り集められた乞食・流浪人の兵であるため、捕虜にしても帰しようもないから、現地で〝処分する〟」といった趣旨の日本軍の文書などはその典型だ、というのである。

感情の鈍麻

野田正彰氏が元イスラエル軍将兵たちの証言に見出した特徴の一つが〝感情の鈍麻〟である。しかもそれは占領地から離れても進行し、持続していくという。

元イスラエル兵**アビハイ・シャロン**の証言に、こういう告白がある。

「誰もが、その人なりの時間をかけて、その人の程度なりに、みな無感覚になっていくのです。無感覚になるから、パレスチナ人の家に押し入ってすべてをムチャクチャにしてぶっ壊す、そして家のなかにあるものをお土産に持ち帰るために略奪する。またある者は感覚を失っているから、手錠をかけられているパレスチナ人さえ蹴り上げる。無感覚になるから、黙り込んでしまうのです」

「自分の理想や価値観、またあらゆる道徳心をすべてミキサーのなかに突っ込んで、スイッチを入れて、全部ぐちゃぐちゃにして、何にも残らない、というようなものです」

野田氏がこの「感情の鈍麻」の原因として指摘するのが、「他者との交流の断絶」である。軍隊では個人はロボットとなることを強いられ、家族や友人たちとの感情交流を断たれる。〝勝つ〟ことだけを目的に、上部からの命令を遂行する――それが軍隊組織である。そこでは「人間の感情」や「コミュニケーション」は二次的なものであり、時には邪魔になる。人間社会そのものを抑圧する組織なのだから、他者との交流を許さないというのは当然である。このようにして他者との交流のなかで成り立つ兵士たちの〝感情〟を鈍麻していく。いや鈍麻しなければ生きられない状況に置かれるのだ。その結果、自分自身が受け入れられなくなる。「自分を受け入れる」ということは「他者との関係のなかで生きている自分を受け入れること」だからである。

「感情」を失った兵士たちは、その代替として〝快楽〟を求めざるをえなくなる。建物や車輌を壊す「快楽」、ババッと銃を撃ちまくる「快楽」、さらにドラッグなどで自分の感覚を痙攣させることによって、自分が感情を失っていく事実を消去しようとすると、野田氏は言う。

もう一つ野田氏が指摘するのは「自分という一個のまとまった人格を失う」ことによる〝感情の鈍麻〟

である。兵士として占領地で暴力を振るい、残虐な行為を行う一方、休暇で戻る社会では普通の生活を送る。この使い分けをうまくやればやるほど、自分が一個のまとまった人格でなくなっていき、感情が鈍麻していく、という。

「アイデンティティ」(自己同一性)とは本来、「自分が過去からつながってきた一個の人間であり、日々同じ人間としてつながっていて、他者に対して一定の考えを持った、統一した人間として立ち現われ続ける」ということである。しかし占領地とイスラエル国内を行き来するイスラエル軍将兵は、一方から他方に移るとき、瞬時に「違う人間」にコードスイッチしなければならない。その時、自分の人格の分裂を統合しなくてはならないが、それは不可能だ。それを解決するには、〝感じる閾値《いきち》〟を下げるしかない。しかし、ただ一部だけの閾値を下げてしまうことができないため、全体の感情閾値を下げなければならなくなる。つまり〝感情の鈍麻〟である。

一方、彼らを取り巻く社会は、占領地における現実をうすうす感じ取っているが故に、逆に「そんなことはない」と否認し、「忘れる努力をせよ」「忘れるために人に語ったりするな」「忘れるために何か他のことをやれ」「外国に行って個人レベルの治療をしてこい」と奨励する。その治療とは、アジアなどへ旅行し、酒やドラッグ、セックスに溺れることである。かつて日常的に死と向かい合っていた旧日本軍将兵たちが「従軍慰安婦に溺れる」ことに逃避していたようなことを、彼らはアジアでやっている。

しかし、大多数の元将兵たちはそれでごまかされるが、「沈黙を破る」グループに加わった彼らは、そのような行為では自分を取り戻せないとわかった若者たちであり、社会全体が健全にならない限り、自分も健全になれないということに気づいた人たちだと野田氏は見る。

さらに、「感情の鈍麻」とともに非人間的な状況のなかで兵士たちが生き続けることを可能にさせるのが〝眠り〟だった。

元イスラエル兵アビハイは、「眠りたい」欲求について証言のなかでこう語っている。

「疲れきってヘトヘトで、もう何も感じる気力もなかった。ただただ、部隊陣地の自分の部屋に帰って眠りたいだけでした。自分の周りで起きていることなんか見たくもなかった」

「何も感じなくなり、ただ〝機械〟になりきって仕事をこなす。そして道徳心や社会的な感性、人間としての感性などが全部麻痺するのです。（中略）ただ〝機械〟や〝ロボット〟になりきって仕事して、任務を果す。任務を果したら眠って、目が覚めたら次の任務へ、それだけです。そうでなければやっていけないのです。だから道徳心や社会的感性なんて麻痺してくるのです」

野田氏は、このアビハイの証言から「眠ることによって自分を維持している」と読み取る。

「泥のように眠るという生理的な行為が、ここまでの非人間的な状況を維持させるための〝ドラッグ〟になっている。『任務を果したら眠って、目が覚めたら次の任務へ』という単純なリズムだが、その間に考える時間を与えない。つまり〝眠り〟が、すべてを考えないための一種の『泥酔』です。そして『自分の怪物性』と向かい合う時間を持たないようにするために、仕事に熱中するか、『泥酔』する。それによって『自分と向かい合う』〝継ぎ目〟を作らないようにし、もし〝継ぎ目〟がありそうなときは、感覚の快楽で、感情を取り戻さないようにしている」と野田氏は分析する。

元イスラエル軍将校、**ノアム・ハユット**はこう証言している。

「私自身について言えば、自分が〝機構の一部〟であったことを振り返り直視するのに、とても辛い思いをしました。今『沈黙を破る』の活動をやっていることはその過程の一部でもあるのです。そのために自分自身が発言し、外に出す。それを理解する。その過ちを認識し語る。その責任を取る。そうすることで私自身を〝治療している〟(cure)のです。しかし自分自身を〝治療する〟だけでは、自分以外、誰の救いにもなりません。それをもっと高いレベルに引き上げていかなければならない。だから私たちはこれを社会のレベルでやろうとしています。つまりイスラエル社会を〝治療しよう〟としているのです。イスラエル社会に占領地での現実を否定せず直視させることによって、です。私たちが〝占領〟という機構の一部であり、それが自己破壊の過程となる、私たちはこれを食い止めるべきだとイスラエル国民に理解させようとしているのです」

ノアムの言う「自分自身を〝治療する〟」を野田氏は日本語の感覚として「人間性を取り戻す」「自己を回復する」「感情を取り戻す」と解釈する。そしてそれは「決して快楽ではなく、すさまじい葛藤と痛みを伴うことを前提に語られている」という。「自分自身と直面し、自分を告発し、自分をここまで追い詰めている、自分を取り巻く環境を分析し、さらにその闘いを通して自分を取り戻すこと」だからである。

しかし日本の文化では、「自分らしく生きる」「感情豊かに生きる」ということにではなく、基本的には「国家のために献身的に自己を投げ打つ」といったことに価値が置かれてきたと野田氏は言う。だから「個を取り戻す」ことは求められてこなかったというのである。

一方、自分自身の〝治療〟を社会のレベルでやろうとしているノアムら「沈黙を破る」グループの若者たちには、「このままではイスラエル社会全体が病んでしまう。それを食い止めなければ」という〝使命感〟があったのではないかと私は推測した。しかし、野田氏は「たしかに使命感はあるが、それだけではない」という。「沈黙を破ったのは、『こういう生き方は本来の自分の人生ではないんだ。このままいったら自分は解体する』という意識からだと思う。だからその分裂する自分を語ることによって周りの人にも知ってもらい、その作業を通して自分を統合していきたいということです。それだけでなく、皆がその統合を行わないとイスラエル社会がだめになると言っているわけです」

旧日本軍将兵の〝感情の鈍麻〟との違い

この〝感情鈍麻〟は旧日本軍将兵にも共通にみられた現象である。

野田氏の著書『戦争と罪責』のなかに、次のような記述がある。

「永富〔博道〕さんは、罪の意識の欠如を天皇制の思想、そこから導かれた民族的な蔑視観によるものと説明する。確かに、そうであろう。ただしそれは知的な認識のレベルより深く、感情の表層のレベルよりさらに深く、感情鈍麻、無感覚にまで到っている。相手に対してかわいそう、むごい、ひどいと感じることも、自分自身が辛い、苦しいと感じることもない。自他の悲痛に対し無感覚である。

それが彼個人の性格であり、多分に生来のものであるならば、非社会性人格障害(WHOの国際疾病分類)とか、かつてのドイツ精神医学ならば精神病質人格の情性欠如者(それに発揚性性格が付加されたもの)と診断してすまされるだろう。だが、感情鈍麻は当時の日本人の——おそらく今に続く——社会的性格であった。

永富さんの感情鈍麻は、心的外傷後ストレス障害(PTSD)を発症させない精神構造になっている」(二〇七頁)

ただ旧日本軍将兵には「沈黙を破る」グループの元将兵たちと違い、「自分たちが侵略者であり、ひどい事をしている」という自覚、その状況のなかで「自分が破壊されていく」という意識は「なかった」、日本は「自分たちが侵略者であり、ひどい事をしているという自覚」を持つことが認められない社会だと野田氏は言う。

野田氏が先に指摘したように、当時の日本人のなかに「中国人や朝鮮人より自分たち大和民族が優れている」という意識があったこともその一因だ。また旧日本軍将兵たちには、「アジアの人間たちを指導してやらなければいけない」という「大東亜の解放」意識があり、「その過程での少々の過ちはやむをえない」という意識が〝防壁〟となったと野田氏は指摘する。さらに、残虐行為は「上官の命令であり、軍隊のなかではいかなる抵抗も許されず、少しでも戦争について文句を言えば殺されたのだから、生きるためにやむをえなかった」という言い訳、戦後には、「上官の命令は『朕』(天皇)の命令だと教えられたのに、その『朕』の方が責任を取らないのに、どうして自分だけに責任があるのか」という言い分、その一方で、「あの戦争はやむをえない戦争だった。戦後、戦争を止めようと決めたのだから、もういいではないか」という居直り……、旧日本軍将兵たちはその人格の周りに何重もの〝鎧《よろい》〟を着ていると野田氏は説明する。

しかも戦後の日本は、〝文化的な装置〟として「そういうことはみんなが体験したことだから言うな」「その秘密を抱えて死んでいくのが日本社会のためなのだ」という社会的な圧力が非常に強い社会である。つまり、国民全体が〝鎧〟を着ているから何も自分だけその〝鎧〟をはがす必要性はないと考えているというのである。

また、野田氏は『戦争と罪責』のなかで、「日本の文化には罪を感じる力は乏しいと思った」(二一五頁)と書いている。その著書のなかに登場する旧日本軍将兵たちの多くが、数年にわたる中国の撫順戦犯管理所での生活のなかで戦時中の自らの残虐行為を自省した体験を持つ。帰国後、「中国帰り」「洗脳」というラベル張りをされる偏見と差別のなかで、その証言を通して日本の加害責任を訴え続けてきた、日本ではごく少数派の人びとである。それでも、野田氏は、そのような彼らでさえ「[その残虐行為に]深く精神的に傷ついていない」(三五一、三五二頁)と言い切っている。それは日本社会で今も続く「傷つくことを許さなかった、湿った脅迫の文化」(二七八頁)、「罪を自覚することの意味を伝えようとした者に、沈黙を強いる文化」が温存されてきたからだというのだ。

野田氏はその著書のなかで、ユダヤ人殺戮に従事したドイツ人将兵と、南京事件に関わった旧日本軍将兵の反応の象徴的な相違を示しながら、「傷つかない日本人将兵」を浮き彫りにしている。

ユダヤ人虐殺命令を部下に伝える大隊指揮者の少佐は、兵士を前にして泣きながら、「大隊は恐ろしく嫌な任務を果たさなければならない。〔中略〕しかし命令は最も高いところから下された」と語り、最後に通常では考えられない提案、「隊員のうち年配の者で、与えられた任務に耐えられそうにないものは、任務から外れてよい」（三五二頁）と付け加えた。

虐殺の後、「彼らは暗澹たる気分で、なにかに腹を立て、いらいらし、心はかき乱されていた。隊員たちはほとんど何も食べなかったが、酒を浴びるように飲んだ。〔中略〕しかし、酒もトラップ〔少佐〕の慰めも、兵舎に充満していた恥辱と嫌悪の感情を洗い流すことはできなかった」（三五二頁）とその少佐は、戦犯裁判の尋問調書に述べている。

一方、南京侵攻に参加した旧日本軍伍長は、その出征日記のなかで次のように書き記している。

「遂に二万の内三分の一、七千人を今日揚子江畔にて銃殺と決し護衛に行く、そして全部処分を終る、生き残りを銃剣にて刺殺する。

月は十四日、山の端にかゝり皎々として青き影の処、断末魔の苦しみの声は全く惨しさこの上なし、戦場ならざれば見るを得ざるところなり、九時半頃帰る、一生忘るゝ事の出来ざる光景であつた」（三四六頁）

野田氏が注目するのは、この日記には不眠、悪夢、苦痛をもって想い出すといった記述がまったくないことだ。それどころか、大虐殺の後の光景に酔っている。「月と死体の山を対比して詠嘆する日本的感性は、傷つかない心を装う薄絹のようだ」と野田氏は記し、「集団による虐殺、傷つかない心、情景への一抹の感情、この三つは一体となってそれぞれの日本人を特徴づけている」(三四七頁)と論評している。野田氏は、日本軍隊の〝強さ〟は、まさにこの「身体は傷ついても、心は傷つかない不死、すなわち感情麻痺」にあったというのである。

自分の〝怪物性〟に気づかない日本社会

戦場や占領地で相手に暴力を振るったり殺戮したりするとき、その相手が〝同じ人間〟だと考えたら、その行動がとれなくなるという告白が、元イスラエル軍将校**ユダ**のなかにある。

「気を許して自分のなかの〝沈黙の壁〟にちょっとでも穴を空けてしまったり、感情を入れたりしたら、もう気がおかしくなってだめになってしまいます。自分がやっていることにどうしたらいいかわからなくなってしまう。だから何も感じないようにしている。自分に〝鍵〟をかけるのです。そしてすべてを否定するのです」

元将校**ノアム**の証言のなかにも類似した表現が出てくる。

「まず、〝恐怖〟です。第二次インティファーダの初期のころ、毎日のようにテルアビブやエルサレムのレストランやバスで自爆テロが起こっていました。そのため国民は街の中心に行くことを恐れ、子どもたちを学校へやることさえ怖くなります。そういう体験をすると、恐怖を与えるパレスチナ人に対し『すべてのパレスチナ人は自爆犯だ。奴らは私たちイスラエル人を手当たり次第、殺そうとしている。そのために自分の子どもたちを死に追いやっても気にもかけない連中だ』といったふうに、同じ人間だと見なくなる。つまり〝非人間化〟するのです。実際は大半のパレスチナ人の親たちは自分の子どもたちを学校へ通わせ、普通の生活を送らせたいと願っているのに、その事実を直視しようとはしません」

旧日本軍将兵もまた、「あいつら中国人は劣っている。我われ大和民族は優れている」という〝民族的な優越意識〟と相手の〝非人間化〟によって、殺戮や暴力への罪の意識を失わせていた。しかしそれが崩れ、相手が〝一人の人間〟だと自覚したとき、初めて、〝罪〟の意識が生まれてくる。野田氏はその一例を『戦争と罪責』のなかで紹介している。

証言者の一人、富永正三さんは見習士官として「腕試し」と称して中国人捕虜を斬殺し、中隊長として捕虜を初年兵に刺殺させ、小隊長時代には、投降した捕虜を軽機関銃で射殺させた。また行軍の通過地域の民家一〇〇戸以上を放火、さらに中隊長時代には山麓部落民百数十人の惨殺を幇助した。敗戦後、五年間ソ連に抑留された後、中国に移管され、撫順戦犯管理所に送られた。しかし富永さんは「悪いことをしたが、本当に悪いのは命令者であって、俺たちはむしろ被害者でしかない」という思いから、看守や指導員に心を閉ざし反抗的な態度をとり続けていた。「苦しめた人々への感情レベルの悔悟と共感を伴う反省」を拒み続ける富永さんは懲罰として独房に隔離される。その窓のない薄明かりの部屋のなかで富永さんが目にしたのは、コンクリートの壁のところどころにある引っ掻いたような跡だった。目を凝らしてみると、

「打倒日本帝国主義」「日本鬼子」「堅決闘争」などの文字だった。爪で書いたのか、黒く血がこびりついていた。

「血が滲んだ漢字を見た瞬間、富永さんは背筋が凍るのを感じた」(一五九頁)と野田氏は証言を書き記している。

「日本軍に殺されていった中国人捕虜の血を吐くような落書きを直視したとき、富永さんの集団適応者としての整った形は崩れていった。相手は敗残者一般ではなく、苦しむ人、家族をもち社会関係のなかに生き、死にきれない人に変わった。彼は抑止していた想像力を呼び戻した。

殺した相手を追想によって、ひとりの人間に変える作業は、富永さん自身を集団の一員からひとりの人間によみがえらせる道でもあった。『させられた戦争』『命じられた行為』と思っている限り、能動的な個人はいない。『命令者と実行者の責任は別であり、実行者には実行者としての責任がある。実行者としての責任をとることによって、命令者の責任を問わねばならない』そう考え抜くことによって、富永さんは初めて『個人』であろうとしていた。させられた人間ではなく、意志して行為した人間と自覚することによって、個人になろうとしたのであった」(一六七、一六八頁)

この富永さんのように「命令者によってやらされたということだけを言っている限り、結局、自分は自分自身の主人になれない」ということに気づく例は特殊で、しかも稀有だと野田氏は言う。「そういうことに気づいたら、日本社会では生きていくのがすごくしんどくなってしまう」からだ。だから仮面を被らなければならなくなる。または自分の攻撃性を否認していくしかない。ただ仮面が皮膚とくっついている場合、その〝仮面〟は外せない。日本人の場合は、生まれたときからそういうふうに育って、自己を作ってきているから、仮面と言っていいのかどうかすらわからない。要するに皮膚そのものであるというのだ。

富永さんは、高等教育を受けていたこともあって、「自己と命令者」というふうに対象化・抽象化でき、自分の罪を自覚できる。そして「命令者によってやらされているだけではだめであり、まず、自分の行った事の罪を自覚し、その上で命令者を追及する」というように論理立てていく。しかし抽象的に思考できない人たちにとっては、こういうふうに考えることは難しい。多くの兵士たちは、そこまで考える力もない。


しかしその一方で、戦後に「戦犯」として中華人民共和国政府によって処刑されていった旧日本軍将兵たちの遺書のなかに、大半の将兵たちの当時の心情、その〝攻撃性〟を象徴的に見ることができる。彼らの共通の論理として野田氏が挙げるのが「自分は日本軍人あるいは軍嘱託として当然のことをしただけで、戦争犯罪は犯していないし、中国人を苦しめていない。だが、戦争に敗けた以上、日中平和のために犠牲となって死ぬ」という論理だ。野田氏はこう分析する。

「告発の有無にかかわらず、他国に侵入して何をしてきたのか、自分の過去を見詰めようとする構えはまったくない。

彼らは自分の攻撃性にまったく気付いていない。自らの攻撃性は否認され、代りに敵に強い攻撃性があり、自分は相手の攻撃性を引き受けて犠牲になるのであると思い込んでいる。『投射』の心理的なメカニズムを巧みに使っている。

罪の意識は自らの攻撃性を他者に向けるのではなく、自分自身に内攻させることによって生じる。それ故、過剰な罪の意識は私たちを自殺や精神障害に追い込む危険性がある。しかし、他者の破壊よりも自らの苦しみを選ぶのが良心である。彼らは自らの攻撃性を否認し、相手にのみ攻撃性があると感じているので、そこに罪の意識は生じようがない」(一九二頁)

たしかに元イスラエル軍将兵たちにも、「敵に強い攻撃性があり、自分は相手の攻撃性を引き受けて犠牲になるのであると思い込んでいる」部分がある。**ノアム**は自分の頭のなかには絶えず「テロリストが爆弾をイスラエル内へ運び入れようとすることを阻止し、イスラエルの同胞を守るんだという意識」が働いたと表現している。しかし、彼はそれと同時に、「私たちが検問所で行う行為が、パレスチナ人の日常生活に苦痛を生み出し、彼らを悲惨な生活に追い込んでいるという現実、その行為がさらに憎しみを増幅し、さらに流血やテロを生み出しているのだという現実に私は気づいていなかったのです」と自覚するようになる。

そして彼らは自らの〝怪物性〟を自覚する。

「除隊が近くなって初めて自分自身の生き方について考え始め、生き方について一般市民の見方や考え方を持ち始めました。その時、鏡の前に立っている自分を見てみると、頭に〝角〟が生えているのです。この三年間、自分はモンスター(怪物)だったということに、ハッと気がついたのです。自分がやってきた事、そしてやらされてきた事に気づきました。最も衝撃だったのは、それをやったのは自分自身なのだということです。その自分は、もうあの高校時代の〝自分〟ではないのです。除隊後に一般市民に戻って暮すときには、こうありたいと思っていた〝自分〟なんかではない。でも同じ自分には変わりはない。軍にいた三年間というもの、まったく違う人間だったと思いたいけれど、でもやっぱりそれは紛れもなく自分自身なのです」（ユダ）

「一つの任務が終わると、もう二時間後には次の任務に向かうのです。そして翌日の夜にはまた次の街へ移動、といった具合です。単に物理的な時間の余裕がないだけではない。精神的な余裕もない。その能力もありません。いいですか、もしそんなことを任務中に考えてみたり、拘束作戦から帰って自分の姿を鏡に映したりしたら、その次の日の朝は絶対に起きられませんよ。いったい、どうやって起きられますか。自分が〝怪物〟だってわかったら、どうやってそれを続けられるでしょうか。だから任務を続けるためには、自分が〝怪物〟なのだということに気づかないことです。その現実と向かい合わないことです」（アビハイ）

さらに元将兵たちがその攻撃性をイスラエル社会に持ち込むことによって、「その社会が病み、自己破壊のプロセスにある」という危機感を抱く。

「『平日の水曜日に占領地のトルカレムでＡＰＣ（装甲人員輸送車）を運転してパレスチナ人の車を踏み潰して走っていました。楽しみのためです。車の上を走るというのは面白いものです。その僕が週末、休暇の金曜日にイスラエル内を車で走るとき、通常の運転ができると思いますか。赤信号でちゃんと誰かの後ろにじっと止まって待っていると思いますか。どうしてそんなことをしなければならないだろう』と。

わかってもらいたいのは、占領地で兵士として任務に就いている『アビハイ』という自分と、休暇で帰ってきたときの『アビハイ』は、同じ人間だということです。つまり兵士たちは占領地から、暴力や憎悪、脅える感情、被害妄想などすべてを抱えたまま、イスラエル社会の市民生活に戻ってくるということなのです。

それは公道の運転にも、家庭内暴力にも、バーでの喧嘩沙汰などにも顕著に現われています。あらゆる面に、です。もちろん占領だけが、その原因だと言っているのではありません。もっと他の要素がからんではいます。ただ、占領地で体験した〝退廃〟がその重要な部分を占めていることはたしかです。そういう理由でイスラエル社会は〝病んでいる社会〟だと思います。病んでいるのです。私たちが占領地でやったことはイスラエル社会に影響を及ぼしているかと尋ねられれば、私はそうだと思います」(アビハイ)

彼らの例が示しているように、イスラエル社会には自分の姿、過去の行為を鏡に映し出し、「自分が怪物だった」と見つめる〝社会環境〟が存在する。しかしその一方、「加害を黙認する空気」も厳然とある。それを創り出しているのは〝セキュリティー〟(治安・安全保障)を最優先するイスラエルの原則である。

例えば、ヨルダン川西岸に建設中の〝分離壁〟。その建設によって、パレスチナ人住民は農地を奪われ、移動が厳しく制限され、共同体が分断されている。それがパレスチナ人に大きな犠牲を強いるものであることはイスラエル国民もまったく知らないわけではない。しかし、イスラエル人の多くは「これによって自爆テロが防げる。少なくとも減少するからやむをえない」と受け入れる。

二〇〇六年夏の第二次レバノン戦争におけるイスラエル市民の反応もそうだった。イスラエル軍の空爆で一〇〇〇人を超えるレバノンの一般市民が犠牲になっても、それを非難するイスラエル国内の世論はほとんど起こらなかった。当時、テルアビブ大学が行った世論調査によれば、レバノンのインフラを破壊し多くの民間人の犠牲を出したイスラエル軍による空爆を、九一％が「正当化できる」と答えている。

私がインタビューしたある市民の「ヒズボラ（レバノンのイスラム武装組織）は民間人が暮す街や村から攻撃してきます。その時、どうしますか。ただ座して何もしないわけにはいきません。私たちは反撃するしかない。自分たちを守るために何かをしなければならないのです」という声に象徴されるように、「ヒズボラが民間人を〝人間の盾〟に使ったから」「敵の攻撃に対する自衛戦争だから」という言い分によって民間人殺戮が「正当化」されるのである。

このイスラエル国民の反応を、「国民は事実を知ってはいるが、〝痛み〟を感じないのだ」と説明したのは元エルサレム市議会議員、**メイル・マーガリット**だった。彼の父親はポーランド出身で、家族の大半をホロコーストで失った〝生存者〟の一人である。

〝痛み〟を感じないようにイスラエル国民が〝心に鎧〟をつけているとすれば、その〝鎧〟は何なのか。

「一つは〝ホロコースト・メンタリティー〟です」とマーガリットは言う。「自分たちユダヤ人はあれほど悲惨な被害を受けてきたという被害意識が、他者への加害に対する〝免罪符〟となっています。自分たちは史上最悪の残虐を受けてきた最大の犠牲者なのだという意識が、自分たちが他者に与える苦しみへの

〝良心の呵責〟の感覚を麻痺させているのです」

「沈黙を破る」の**アビハイ**も証言のなかで、自分のなかのこの〝ホロコースト・メンタリティー〟について言及している。

「私は〝ホロコースト〟生還者の三世なのです。私の祖父母はホロコーストの体験者です。だから〝自分の身を守る〟という体験に基づいた感覚は、今も私たちの社会のなかに息づいています。いつもそのことが頭から離れません。だから自分に召集のときが来ると、『さあ、自分の番が来た』という感じです。私の父も、兄たちもその役割を担う番があった、そして今度は私の番なのです。そのために私は特殊部隊に入りました。そこで自分の最善を尽くして、自分の持てるすべてを捧げるつもりでした」

レバノン戦争に限らず、占領下のパレスチナ人の過酷な状況にも、イスラエル国民が驚くほど無知であり、たとえ知っていても無感覚であることは、私自身が現地を取材しながらいつも痛感することである。占領地で暮らし、現地から〝占領〟の実態を伝え続けている有力紙『ハアレツ』のアミラ・ハス記者らの報道は多くの国民から「〝自己嫌悪するユダヤ人〟(セルフ・ヘイティング・ジュウ)の宣伝記事」として無視される。その背景には〝ホロコースト・メンタリティー〟というユダヤ人独自の歴史に起因する国民心理があるというマーガリットの指摘は、たしかに説得力がある。

発言を受け止められない社会

では日本社会はどうか。野田氏は、先のユダやアビハイの証言にみられるような自分の〝怪物性〟への自覚と意識は、旧日本軍将兵たちのなかにはほとんど欠落していると言う。なぜか。野田氏が指摘する原因の一つは、旧日本軍将兵たちが帰って来た日本社会そのものが「攻撃性が非常にシステム化された社会」であり、「〝罪の意識〟を否認する社会」が戦後も継承されていることだ。そのため、自分の姿、過去の行為を鏡に映し出し、「自分が怪物だった」と見つめる〝社会環境〟がないというのである。

ではなぜ「〝罪の意識〟を否認する社会」が継承されてきたのか。野田氏が指摘するのは、私たちが生活する現在の日本社会が、戦前、戦時から切れずに持続していること、つまり侵略戦争にのめり込んでいった社会や文化を親たちから摂取し、引き継いでいるという現実である。一見、戦前とはまったく対照的にも見える「戦後民主主義」も、戦争の被害のみが強調され、「侵略戦争の否認はセットになっていた」(三〇四頁)というのだ。野田氏はその象徴として、戦後世代の教科書『民主主義』(文部省著作発行、一九四九年八月)を挙げている。そのなかでは戦争の被害のみが強調され、日本の侵略戦争について論及されてこなかった。

戦後日本社会の「平和主義」についても同じような指摘がある。藤原帰一氏(東京大学大学院教授・国際政治学)は、「国民として主張する平和主義」はかつて「被害者としての自覚に支えられた」と指摘し、(日本が)加害者という視点が生まれることで、これまで「国民による平和の誓い」によって結びつけられていた「ナショナリズムと平和」が分裂を起こしたと、その著書『戦争を記憶する——広島・ホロコーストと現在』(講談社現代新書、二〇〇一年、一三二、一三三頁)のなかで述べている。

その一方で、日本人は「被害者としての立場をとことんまで追求」していないという指摘もある。著書『反核と戦争責任――「被害者」日本と「加害者」日本』(三一書房、一九八二年)で被爆者の「被害者意識」を分析した岩松繁俊氏は、被害者としての立場をとことん追求してゆけば、二つの局面にぶつかるはずだという。一つは他国の被害者との共通性の認識、つまり戦争被害者としての共通認識による国際連帯の自覚であり、もう一つは、いたましい被害者を生み出した加害者の存在への認識、つまり被害者認識における加害者認識への意識の転換だというのだ。

岩松氏が挙げるその象徴的な例は、被害者の立場に徹しきったとき、同じ被害者として朝鮮人、中国人の姿が見えてくるはずだが、日本人にはそれが見えないことだ。それは、そこまで被害者の立場に徹しきれなかったということを意味する。その被害者としての意識の薄弱さは、加害者としての意識と認識の薄弱さを生んでいるというのである。だから日本人被爆者にとっては、問題は一九四五年八月から始まったかのような意識しかない。つまり日本人大衆が朝鮮、中国、東南アジア諸国、太平洋諸国の人びとに対する加害責任を自覚せず、その事実を忘却し看過してきたという。さらに岩松氏は被爆者が「被害者意識」に凝り固まっていく過程をこう説明する。

「被爆者は自分たちの被爆体験がわかってもらえないので、いつまでもくりかえしくりかえし、被爆体験をわかってほしいと念願しつづける。したがって、かれらは自分たちの被害者としての意識に固執した戦争体験だけをわかってほしいという立場にかたまってしまう。被爆体験だけが、ほとんどすべての訴えになってしまう。まだわかってもらえないという不満、わかってもらえないということは核兵器による戦争を許すことになるから、絶対にわかってもらわなければならないという不安と恐怖と責任感、これらが心のなかにうずまいて、じっとしていられない焦燥感、しかしやはりわかってもらえないという絶望感。こうして被爆者は心を病み、被害者意識にもとづく思考からとびこえることができない」(四一頁)

この文のなかで、「被爆者」という言葉を「ユダヤ人」、「被爆体験」を「ホロコースト体験」と入れ替えて読み直してみれば、まさにマーガリットが指摘するユダヤ人・イスラエル人の〝ホロコースト・メンタリティー〟を語る言葉のようにも読める。イスラエル人がパレスチナ人やレバノン人への加害の〝痛み〟に無感覚になる原因、プロセスと、日本人がアジアの人びとに対する加害責任を自覚せず、その事実を忘却し看過してきたプロセスとの間に少なからず共通点があるように私には思えてならないのである。

発言を受け止める社会

現在の日本において、「かつて中国でひどいことをやった」「アジアの人びとに対して加害者であった」と認識している国民は少数派でしかない。それはイスラエル社会が「沈黙を破る」グループの青年たちの主張を認めようとはせず、彼らがごく少数派に押し込められている現状と共通している。

ただ両者が決定的に異なる点として野田氏が指摘するのは、イスラエル社会には彼らが発言を続けられる社会が存在し、日本社会にはそれがない、ということだ。

ノアムは証言のなかでこう語っている。

「ヘブロンに関する写真展を三週間開きました。その結果、自分たちには〝力〟があると自覚しました。他の人たちにはない、発言する〝力〟です。なぜなら私たちはその現場にいたからです。私たちは〝占領〟の一部だったのです。人びとは私たちの話を聞く。だから社会で何が起こっているかを伝えるために、自分たちの〝力〟を使わなければと思いました」

またユダも周囲の反応をこう語っている。

「ほとんどの友人たちはこの『沈黙を破る』の活動を支援してくれます。私の親友たちは、たとえ政治的な見解は右派であっても、私たちが主張していることに反対はしていません。彼らはこう付け加えるのです。

『君の言うとおりだ。僕らはこの社会のために、道徳心や感情を犠牲にするというものすごい〝代価〟を払わせられている。そしてパレスチナ人は我われの何百倍もの〝代価〟を支払っている』と。それでも彼らはやっぱりパレスチナ人が正しいとは思ってはいない。『奴らは俺たちを海に投げ込みたいんだ。イスラエル全土を欲しがっているんだ』といった疑いを持っています。でも、彼らのうち誰も、私たちが語っていることが現実ではないなどと言えません。今や人びとが立ち上がって、そのことを発言しているのです」

「沈黙を破る」の若者たちがこのように「自分たちには〝力〟があると自覚」できるのは、「彼らがその力を感じられるだけの、〝聴く社会〟があるから」と野田氏はみる。つまり彼らが体験してきたものを表現したとき、それを聞いてくれる社会がまだ存在する、そして聞いてくれる人たちとの人格的な関わりができ、それを通して彼らは自分の意味を感じられるというのである。

しかし、日本の社会のなかでは、こういう発言をする文化が希薄で、それを受け止める下地がないと野田氏は言う。あったとしても周囲からの脅迫にさらされ、家族や親族からさえも、「そういうことを言ったら、生きていけないよ」「職場や学校でまずいことになり、やっていけないよ」という声が上がる。つまり「ソフト・サンクション」(柔らかな懲罰)が加わる。とりわけ政治システムが強くはたらき、それがさまざまな社会的な側面に根を張り、文化的な装置として覆っているというのである。

「政治家の圧力」の有無が問題となったNHKの番組ETV二〇〇一「シリーズ戦争をどう裁くか 第二回~問われる戦時性暴力~」(二〇〇一年一月)の内容変更、沖縄戦末期の住民の「集団自決」は日本軍による強制だったという記述が教科書検定で削除された問題などは、「政治システムが強くはたら」いた象徴的な例といえるだろう。

元イスラエル軍将兵たちの証言を記録し、その〝鏡〟に映し出される日本人とその社会の実像をあぶりだした野田氏の解説をまとめながら、「日本人にとって〝遠い国〟の問題であるイスラエル軍将兵たちの〝加害の証言〟を、なぜ敢えて日本で伝えるのか」という自分自身への問いへの当初の漠然とした答えに、私は以前よりもいっそう明確な輪郭を見出した思いがする。元イスラエル軍将兵の行動パターンとその深層心理に旧日本軍将兵のそれを照射することによって、アジアの民衆と日本国民にあれほどの犠牲を強いた大戦を経ても、戦前の文化、社会体質、精神構造を引きずり、戦前と連綿とつながっている現在の日本社会の実態が、いっそう明確に浮かび上がってきたからだ。

野田氏は「社会の矛盾が起こったときに、それを『矛盾』と感じられる人が存在する社会こそが〝健全な社会〟」と語った。「その矛盾が起こってそれを自分の精神とか身体の破綻として感じられた人を多数でなくても認めて、その人たちの思いを聞き取れるような社会でないと、まともな社会ではない」というのである。

「沈黙を破る」の元将兵たちをどう受け止めるかによってイスラエル社会の〝健全さ〟が問われているように、私たち日本の社会は、自らの〝加害〟の歴史と現実にどう向かい合うかによって、その〝健全さ〟と民意の〝成熟度〟が試されているような気がしてならない。ある意味では、「沈黙を破る」の元将兵たちの証言と向き合うことは、私たち日本人自身の〝あり方〟を問うことでもある。

あとがき

「なぜ日本人のあなたが、遠いパレスチナ・イスラエルの問題を追い続けるのか」「なぜ日本人にもっと直接関わる問題、日本人にしかできないテーマを追わないのか」――パレスチナ・イスラエルの現場で取材を始めてから二三年間、多くのパレスチナ人やイスラエル人、そして日本人に私はこの問いを投げかけられ続けてきた。いや誰よりも私自身、そう自問し続けてきたといっていい。組織に所属するジャーナリストたちと違って、私たちフリーランスのジャーナリストは、追うテーマを自分の意志で自由に選ぶことができる。ただ選んだテーマは、自分の生き方や考え方と深く関わり、時間の経過と共にそれは自分自身とは切り離せないものになっていく。そうでなければ、その主題を追い続けるジャーナリスト活動のなかで幾度となく直面する精神的な〝壁〟、また経済問題をはじめとする生活面でのさまざまな〝壁〟を乗り越えられないからである。

私自身について言えば、学生時代、進路に迷い飛び出した一年半におよぶ世界放浪の模索の旅のなかで、偶然のきっかけで訪ねた現地で出会ったのが〝パレスチナ問題〟だった。それまで政治問題や学生運動にもほとんど関心を持たない「ノンポリ」だった私にとって、初めて強い好奇心を抱いた国際問題だったから、受けた衝撃も大きかった。その後、ジャーナリストとして現地の人びとと長く生活を共にし、彼らの生きる姿、抱えるさまざまな問題を目の当たりにするなかで、まだ形が定まらなかった私のものの考え方、価値観、世界観に少しずつ輪郭ができ、形を成していった。ある意味では、私は人間形成の上でも、またジャーナリストとしても〝パレスチナ問題に育てられた〟と言ってもいいかもしれない。それから二三年間、私は現地で次々と起こる事象と、そのなかで必死に生きる人びとの〝磁力〟に引き寄せられるように何度も現場へ通い、ジャーナリストとして現地の状況と声を伝え続けてきた。

そういう太い紐帯を持っているはずのパレスチナ・イスラエル問題であっても、「なぜ日本人の自分が」という疑問は、常に私のなかから消えることはなかった。

私にはもう一つ、学生時代に出会ったテーマがあった。それは〝ヒロシマ〟〝被爆者〟である。広島の富永初子さんという、独り暮らしの老被爆者との出会いがきっかけだった。原爆後遺症のがんのために乳房を切除し、他にも貧血、骨粗鬆症《こつそしょうしょう》などさまざまな病気を抱え、白内障でほとんど視力を失い、手探りで自炊生活を送りながらも、当時七〇歳近い富永さんは核兵器廃絶の署名集めのために毎週、広島平和記念資料館の出口に立ち続けた。被爆者のなかでも富永さんを特異な存在にしたのは、たとえ原爆の被害者であっても日本人はアジアの民衆に対し〝加害者〟であったという自覚だった。広島で被爆し祖国へ帰った韓国人被爆者たちが広島の日赤病院に治療にやってきたときだった。目の不自由な富永さんは、私に「日赤病院へ連れていってほしい」と懇願した。病院を訪ねた富永さんは、十数人の韓国人たちが治療を受ける病室の入り口に白い杖ですっくと立ち、「私は被爆者ですが、日本人の一人としてみなさんに大変なご苦労をおかけして、ほんとうに申し訳ありませんでした」と深々と頭を下げた。

この富永さんに触発されるように、教科書改竄問題で揺れた一九八二年、私は韓国に渡り、被爆と日本の植民地支配の犠牲者という〝二重の被害者〟である韓国人被爆者たちを追った。それから一二年後の一九九四年、私は再び韓国へ渡った。今度は、富永さんがどうしても会いたいと願いながら、老弱と病気で「ドクター・ストップ」を宣告され、その思いが果せなかった韓国の元日本軍「慰安婦」たちに私が代わって会うためである。元「慰安婦」の方々の声と姿を撮影し、その映像を富永さんに見てもらおうと考えたからだった。私は、かつて「慰安婦」とされたハルモニ（おばあさん）たちが共同生活する施設、ソウルの「ナヌム（分かち合い）の家」を訪ねた。これがきっかけで、その後私は、「ナヌムの家」で出会ったハルモニたち、とりわけ〝絵を描くハルモニ〟姜徳景《カンドッキョン》さんの生涯を追い続けることになる。それは私が日本人として、またジャーナリストとして自国の〝加害の歴史〟と正面から向き合わなければならない辛い作業だった。

パレスチナ・イスラエル問題と日本の加害歴史の問題。まったく分離し関連のないように見えた私のなかのこの二つのテーマに、初めて明確な接点を与えてくれたのが、この「沈黙を破る」の元イスラエル軍将兵たちの証言だった。そしてその〝繋ぎ〟の重要な要《かなめ》となったのが、精神科医・野田正彰氏とその著書『戦争と罪責』である。その両者の存在がなければ、この二つのテーマが私のなかで一つになるまでに、さらに長い年月を要したことだろう。

本書は私にとって二つの大きな意味を持つ。一つは、この二三年間にわたって私が取材し伝え続けてきた、〝被害者〟パレスチナ人側の視点からの〝占領〟に、〝加害者〟側の証言が加わることで、〝占領〟の実態がより立体的・重層的になり、かつ実証的に見えてきたことである。

そしてもう一つは、冒頭の「なぜ日本人が、遠いパレスチナ・イスラエルの問題を追い続けるのか」という問いに、本書によって初めて具体的な答えの一部を提示できたことである。

本書の根幹となる「沈黙を破る」のメンバーの元イスラエル軍将兵たちへのインタビューを思い立ったのは二〇〇四年八月、そして実際に最初のインタビューが実現したのは、その一年後の二〇〇五年八月だった。それから翌年の八月、さらに二〇〇七年三月と一〇月、一一月と足掛け三年のイスラエル取材になった。一方、京都での野田正彰氏へのインタビューは、二〇〇七年二月と九月の二回にわたり、合わせて七時間におよんだ。

本書の出版を可能にしてくれたのは、誰よりも、私の長いインタビューを受け入れてくれた「沈黙を破る」のメンバーたちである。ユダ・シャウールをはじめ、本書に登場する元イスラエル軍将兵たちは、その言動のためにヘブロンの入植者たちなど、彼らの口を封じようとする極右のイスラエル人たちに言論による攻撃のみならず、物理的な攻撃も受け続けているという。そういう危険を冒しても、イスラエル国民に〝占領〟の実態を知らせるために活動を続ける彼らに深い敬意を抱き、本書の完成のために協力を惜しまなかった彼らに心から感謝したい。

また、野田正彰氏には、元将兵たちの長いインタビュー原稿に目を通していただき、その証言を詳細に分析していただいた。野田氏の協力なしには本書の完成はありえなかった。二度にわたって長時間、納得がいくまで何度も質問を繰り返す私に、辛抱強く向き合い答えてくださった野田氏への深い感謝の意を記しておきたい。

本書完成までの作業のなかで最も心を砕いたのは、兵役当時の微妙な心理状態を、流暢で、しかも早口の英語で語るユダとアビハイの証言だった。それぞれ二時間を超える二人の証言は正確に表現するため、まず現地で音声テープをすべて書き取ってもらい、それを当時、スタンフォード大学の博士課程（臨床心理学）で、戦争や災害、虐待によるPTSD（心的外傷後ストレス障害）を研究していた伊藤圭子さんに日本語の下訳をお願いし、さらにそれをもう一度私が一文ずつ英文とつき合わせて手を加え、構成しなおしていくという、気が遠くなるような過程を経て活字化した。ヘブライ語による証言は、まず現地で英文に翻訳し、それを私が日本語訳した。他の英語による証言は、インタビュー・テープを私が直接、日本語訳したものである。

一方、野田正彰氏の七時間のインタビューは、横浜国立大学などの大学生のボランティアのみなさんにテープからすべて書き取ってもらい、それを元に私が整理しまとめた。また 二〇〇七年三月と一〇月、一一月の「沈黙を破る」メンバーやその家族、顧問へのインタビューには、現地在住の井上文勝氏にコーディネートをお願いした。

本書のために協力していただいたこれらの方々にも心からお礼を申し上げたい。

前著『現地ルポ パレスチナの声、イスラエルの声――憎しみの〝壁〟は崩せるのか』(二〇〇四年)や岩波ブックレット『パレスチナ ジェニンの人々は語る――難民キャンプ イスラエル軍侵攻の爪痕』(二〇〇二年)・『米軍はイラクで何をしたのか――ファルージャと刑務所での証言から』(二〇〇四年)と同様、今回も編集者、吉田浩一氏が私の〝伴走者〟だった。まだ〝原石〟のままだった三人の元将兵の証言の粗訳原稿だけを頼りに、編集部で企画を通してくれた吉田氏は、遅々として進まないその後の私の取材・執筆に、「ほんとうに形になるのか」と不安だったに違いない。辛抱強く私の執筆を見守り、やっと形を成してきた原稿に的確な助言を惜しまなかった吉田氏に深く感謝したい。

また私事だが、本書の完成までの長い年月で物心両面で支えてくれたのは妻、幸美だった。私の原稿の最初の〝読者〟でもある彼女からの手厳しい批評は、文章の推敲の過程で、大きな助けとなった。

前述した被爆者、富永初子さんは長崎生まれのカトリック信徒だった。どうしても聖地を訪ねたいという富永さんを、私はパレスチナ・イスラエルへ案内した。一年半の現地取材から帰国した翌年、一九八七年の夏のことである。エルサレムの聖地を訪ね歩き、占領下のパレスチナ人の実態を見聞したのち、富永さんは当時、イスラエル国内のパレスチナ人の街、ナザレ市で開かれていた「国際ボランタリー・ワークショップ」に招かれた。それはイスラエル国内の占領地のみならず世界から集まった人びとが人種を超えて、道路や学校建設など文字通り〝ナザレの街づくり〟を手伝うボランティア活動だった。

夜、イスラエル国内のパレスチナ人とユダヤ人、占領地からのパレスチナ人、そして外国人参加者など数千人が集う野外集会のステージで、富永さんは「ヒロシマからのメッセージ」を読み上げた。

「自分が生まれた土地で平和に暮したいと願っているあなたたちパレスチナ人たちは、なぜ抑圧されなければならないのでしょうか。

抑圧の苦しみを、その長い歴史のなかで知り尽くしているはずのユダヤ人たちが、なぜもう一つの民族パレスチナ人を抑圧できるのでしょうか。人びとはみな、自分が生まれ育った土地に住む権利があります。この生存権を犯すことは大罪です。

私はアメリカ政府が落とした原爆の被害者です。パレスチナ人のみなさんの心と身体の苦しみを想うと、私の身体と心が切り刻まれるような痛みと怒りを感じます。

ユダヤ人のみなさんに訴えます。パレスチナ人のみなさんが人権を取り戻せるように協力してください。そしてまたイスラエルから原爆を無くすようにたたかってください。

心の鎖で結び合い、共存のためにいっしょにたたかうパレスチナ人のみなさんとユダヤ人のみなさんに、神の恵みがありますように」

それから一五年後の二〇〇二年夏、私がイスラエル軍のジェニン侵攻の取材を終えた直後、富永初子さんは九一歳で他界した。

〝日本の加害歴史と被害者意識〟の問題へと私の目を向けさせ、本書を世に出す最初の動機を私のなかに創ってくれたのはこの富永初子さんだった。もし富永さんが本書を読んでくれたら、どういう感想を語ってくれただろうか。

生前、何の恩返しもできなかった富永初子さんに、本書を捧げる。

二〇〇八年二月

土井敏邦

土井敏邦
1953年佐賀県生まれ．中東専門雑誌の編集者を経てフリー・ジャーナリスト．1985年以来，パレスチナ・イスラエルを取材．1993年よりビデオ・ジャーナリストとしての活動も開始し，テレビ各局でパレスチナやアジアに関するドキュメンタリー番組を放映．イラクでの米軍のファルージャ侵攻の実態を記録したドキュメンタリー映像『ファルージャ 2004年4月』(DVD)を制作．撮りためてきた膨大なパレスチナ・イスラエルの映像をまとめた長編ドキュメンタリー4部作『届かぬ声――占領と生きる人びと』(仮題)を制作中．「日本ビジュアル・ジャーナリスト協会」(JVJA)会員．
編著書に『占領と民衆――パレスチナ』(晩聲社)，『「和平合意」とパレスチナ――イスラエルとの共存は可能か』(朝日選書)，『アメリカのパレスチナ人』(すずさわ書店)，『アメリカのユダヤ人』(岩波新書)，『パレスチナ ジェニンの人々は語る――難民キャンプ イスラエル軍侵攻の爪痕』『米軍はイラクで何をしたのか――ファルージャと刑務所での証言から』『パレスチナはどうなるのか』(以上，岩波ブックレット)，『現地ルポ パレスチナの声，イスラエルの声――憎しみの“壁”は崩せるのか』(岩波書店)など．

沈黙を破る 元イスラエル軍将兵が語る“占領”

2008年5月9日 第1刷発行
2024年1月15日 第2刷発行

著 者 土井敏邦《どいとしくに》

発行者 坂本政謙

発行所 株式会社 岩波書店
〒101-8002 東京都千代田区一ツ橋2-5-5
電話案内 03-5210-4000
https://www.iwanami.co.jp/

印刷・三陽社 カバー・半七印刷 製本・牧製本

ISBN 978-4-00-023849-6 Printed in Japan